GABRIEL LAMA

DO BEM-ESTAR À ALTA PERFORMANCE

Copyright© 2022 by Literare Books International
Todos os direitos desta edição são reservados à Literare Books International.

Presidente:
Mauricio Sita

Vice-presidente:
Alessandra Ksenhuck

Diretora executiva:
Julyana Rosa

Diretora de projetos:
Gleide Santos

Capa, diagramação e projeto gráfico:
Gabriel Uchima

Revisão:
Rodrigo Rainho

Relacionamento com o cliente:
Claudia Pires

Impressão:
Gráfica Paym

Dados Internacionais de Catalogação na Publicação (CIP)
(eDOC BRASIL, Belo Horizonte/MG)

L213d   Lama, Gabriel.
         Do bem-estar à alta performance / Gabriel Lama. – São Paulo, SP: Literare Books International, 2022.

         ISBN 978-65-5922-326-8

         1. Literatura de não-ficção. 2. Bem-estar. 3. Exercícios físicos – Aspectos da saúde. I. Título.

                                                                     CDD 613

Elaborado por Maurício Amormino Júnior – CRB6/2422

Literare Books International.
Rua Antônio Augusto Covello, 472 – Vila Mariana – São Paulo, SP.
CEP 01550-060
Fone: +55 (0**11) 2659-0968
site: www.literarebooks.com.br
e-mail: literare@literarebooks.com.br

GABRIEL LAMA

DO BEM-ESTAR À ALTA PERFORMANCE

AGRADECIMENTOS

Gostaria de agradecer à vida pela oportunidade de escrever este livro e a àqueles que me apoiaram para que sua publicação ocorra; às experiências de vida que Deus me permitiu ter; e aos pais que me criaram e me guiaram pelo meu crescimento desde a infância até a idade adulta, com seu afeto permanente e firmeza quando necessário. À minha esposa, por seu amor incondicional e apoio em todos os meus projetos arriscados; a meus filhos pela magia que geram com seu sorriso e aprendizagem; a todos os mestres que tive em minha dedicação ao judô e aos que descobri recentemente fora do tatame; aos amigos e meus parceiros no TGLI Leadership Consulting; e a todos aqueles com quem em alguma oportunidade trabalhei. Todos fizeram parte da minha jornada na vida, do que aprendi e de quem eu sou hoje.

PRÓLOGO

Existem livros que podem mudar uma vida, sua vida. Este é um deles! Basta lê-lo e aplicar seus conselhos e recomendações em sua vida cotidiana. Por que lê-lo? Para entender, saber, conhecer e se conscientizar da importância da saúde muito antes de ficar doente. Para você, sua família e pessoas próximas a você.

Por que aplicar essas dicas? Para viver e, ainda mais, para viver melhor. Não só viver mais, mas com melhor qualidade de vida, qualidade que nos permite dizer que "a vida merece ser vivida".

Bela coincidência. Voltando de uma viagem à Grécia, recebi a versão final do livro do Gabriel Lama. Durante aquela estadia pude revisitar, depois de vários anos, alguns dos grandes lugares significativos na história da civilização grega. Delphi, é claro, Epidauro e Olympia, entre outros. Que relacionamento têm esses lugares com este livro? Veremos isso a seguir.

- Delphi, um antigo santuário pan-helênico, localizado no sopé do Monte Parnaso. Por muito tempo albergou o Ónfalos, ou umbigo, símbolo do centro do mundo. Este lugar sagrado é conhecido por seu oráculo, a Pitonisa, que revelou a palavra dos deuses aos humanos.

Era também o lugar do autoconhecimento, da conexão íntima e profunda com a essência do ser, e, portanto, do sagrado. Viver em harmonia com a natureza, com o cosmos e consigo mesmo permitia bem-estar e felicidade, individual e coletiva. Um convite ao bem-estar holístico, da autoconsciência e da autogestão, assim como encontramos em toda a obra do Gabriel.

- Epidauro, conhecido pelo santuário do deus da cura Asclepios, era um lugar distinto da medicina grega. Um teatro extraordinário que também funcionava como um estádio e instalações esportivas que completavam os tratamentos oferecidos pelos médicos; nos relembra a importância da arte e do esporte em todos os processos de cura e cuidados da saúde. Como terapeutas do passado e com as luzes que a ciência moderna nos oferece, o autor deste livro nos convida a "construir" nossa saúde, bem-estar e felicidade com novos hábitos, intencionais e eficazes, que aos poucos vão juntando-se às nossas vidas diárias.

- Olympia, um grande centro religioso localizado no Peloponeso. Conhecida principalmente pelos Jogos Olímpicos que ocorriam a cada quatro anos, começando em 776 a.C. Esses jogos duraram por mais de 1000 anos antes de ressurgir com os JJOO modernos, como os conhecemos hoje. Neles, Gabriel Lama teve a oportunidade de participar duas vezes como judoca de alto nível, representando o Chile em Atenas, Grécia e Sydney, Austrália. Esses Jogos Olímpicos, antigos ou modernos, representam não apenas o "mens sana in corpore sano", mas também a capacidade de se superar, de ir além de suas aparentes possibilidades, no que hoje chamamos de alto desempenho. Lembremos que o lema dos Jogos Olímpicos modernos, proposto pelo francês Pierre de Coubertain quando o Comitê Olímpico Internacional foi criado de 1894 na Sorbonne em Paris, foi: "Citius, Altius, Fortius" que significa literalmente "Mais rápido, mais alto, mais forte".

Como escrevi anteriormente, foi uma agradável coincidência ler este livro logo após retornar de uma viagem na Grécia, de Delphi, Epidauro e Olympia, sendo que existe uma conexão entre a maioria dos aspectos importantes desses lugares e deste trabalho: autoconhecimento, bem-estar, esporte, alto rendimento e, claro, saúde.

Se a saúde foi definida no início do século 20 como a ausência da doença, hoje essa definição está completamente obsoleta. Saúde é muito mais! É um estado, um conceito polimórfico que agrupa, entre outros, o físico, o mental e o social, três dimensões que devem unir-se, conviver e harmonizar para poder perceber aquela agradável sensação "de gozar de boa saúde", de estar em forma e cheio de energia. Em poucas palavras, alcançar o bem-estar... A energia é tão valiosa quanto necessária, principalmente quando se tenta alcançar alto desempenho e enfrentar com sucesso os desafios que a vida nos propõe.

Em tempos em que o indivíduo é cada vez mais exigido, estimulado, muitas vezes estressado, a preocupação com sua saúde tornou-se um imperativo diário. Aqueles que se preocupam pela sua saúde quando estão doentes, provavelmente sabem que já é tarde, às vezes tarde demais para reverter uma situação delicada.

A vida moderna muitas vezes nos leva a deparar-nos com fatores patogênicos, os mesmos que afetam nossa dieta, nossa psique e nosso sono. Estudos recentes valorizam as práticas e as dinâmicas saudáveis, que devem ajudar-nos a sentir-nos melhor e, quando queremos, ser mais eficientes.

Neste trabalho, Gabriel Lama nos convida a uma jornada quase iniciática que começa com uma questão essencial: o que é saúde? O Capítulo 1 é responsável por responder a essa pergunta. Você se sente pronto para analisar alguns fatores essenciais de sua saúde, para revisar seus hábitos e modificá-los para melhorá-los?

Então, no Capítulo 2, você pode continuar sua reflexão, abordando conceitos que são cada vez mais importantes: o bem-estar e o *wellness* em suas diferentes dimensões. Não basta ser ou "sobreviver"; almejamos legitimamente a viver melhor, a realizar-nos, superar-nos… Tudo isso de uma forma prazerosa, vivenciando emoções positivas, mesmo que exija muito esforço. Como indica Rosillo: "Uma das grandes coisas que a neurociência fez foi colocar as emoções no mesmo nível que os processos cognitivos racionais". Assim, a inteligência emocional recupera seu lugar na expressão do nosso ser, a gestão de nossas diferentes dimensões e, finalmente, nossa capacidade de ter melhor saúde e maior felicidade.

O Capítulo 3 nos convida a considerar o impacto do "mal do século", o estresse em nosso dia a dia. Dia ou noite ele está aí, sempre perseguindo nossas fraquezas para nos lembrar da importância do equilíbrio emocional, psíquico e físico – em uma palavra, nossa energia – e, assim, prevenir ou reverter o excesso de estresse.

Esta autogestão é a própria essência da liderança pessoal.

É um convite ao autoconhecimento e domínio de emoções, equilíbrio e superação de fraquezas e desenvolvimento do seu verdadeiro potencial. Essa é a grande jornada que chamamos de vida, que abriga nossas decisões. É o que o capítulo 4 permite que você entenda melhor e, portanto, aplique em sua vida.

Nos Capítulos 5 e 6 você poderá descobrir, como os gregos antigos, os valores essenciais do esporte olímpico. Descobrirá como esses valores e grandes princípios são facilmente aplicados à sua vida pessoal e profissional, sendo a base do alto desempenho. Este alto desempenho responde a uma equação muito simples, igual ao seu potencial menos as interferências (tensões, aborrecimentos, bloqueios) que retardam o seu despertar e desenvolvimento. Compreendendo isso e praticando com grande disciplina, compromisso, paixão e convicção, talvez possa ganhar 23 medalhas de ouro nas Olimpíadas, assim como o nadador Michael Phelps.

Em seguida, no Capítulo 7, podemos beneficiar-nos da experiência do Gabriel Lama. Como judoca de alto nível, formador e treinador, ele coloca ao alcance de todos, com uma linguagem clara e simples, o resultado de muitos anos de aprendizagem e pesquisa. Flexibilidade e perseverança parecem ser duas atitudes e competências muito úteis nas organizações de hoje, diante de um mundo IVAC: Incerto, Volátil, Ambíguo e Complexo. Tal como recomendava o fundador do Judô, Jigoro Kano, "é lutar para se aperfeiçoar", conselho sábio e sempre atual como é o código moral do Judô com seus 8 pilares fundamentais.

Finalmente, o Capítulo 8 mostra como o *Coaching* e o uso de perguntas retóricas permitem o desenvolvimento acelerado de competências pessoais e relacionais para um melhor desempenho neste mundo complexo em que vivemos.

Assim, ao longo dos capítulos, você aprenderá a desenvolver mais e melhor o seu bem-estar e alto desempenho para você, para aqueles que ama e ao seu redor.

A partir do exposto, Gabriel Lama assume o duplo desafio proposto por John Seely Brown e John Hagel III em Harvard Business Review: "em um mundo em constante mudança, você deve criar conhecimento, não apenas transmiti-lo".

As suas palavras e as suas reflexões constituem um verdadeiro convite a uma viagem extraordinária rumo ao seio do seu bem-estar e do seu desenvolvimento. Dessa forma, você pode descobrir e aplicar os "4 P's" de alta performance para alcançar sucesso e os resultados desejados.

Conhecendo o autor há vários anos, sei que essas páginas são o reflexo de suas vivências e experiências e que seu desejo de aprendizagem não terminará com este livro. Pelo contrário, se abrem as portas para outras reflexões, ainda mais profundas.

Como toda obra, este livro pode ser aperfeiçoado. Cabe a você contribuir com suas observações para melhorar e completar aquilo que lhe pareça bem, o que melhor se adapte à sua realidade e às suas necessidades.

Conforme indicado pelo neuropsiquiatra e especialista mundial na resiliência, Boris Cyrulnik: "O principal órgão da visão é o pensamento. Vemos com as nossas ideias!"; então este livro permitirá que você "veja", adotando uma nova perspectiva sobre o bem-estar e a alta performance.

Se estas páginas permitem que você melhore até mesmo um só aspecto de sua vida, então o autor terá cumprido sua missão e você terá avançado no caminho da sua autogestão, bem-estar e de uma melhor qualidade de vida, pessoal e profissional. Esse é o desejo que formulo para cada um de vocês.

Pr. François Le Calvez[*]

Paris, fevereiro de 2018

---

[*] François Le Calvez, francês, é Professor de Liderança e Diretor Executivo da Vistarcom S.A., Doutor em Administração de Empresas, DEA e MBA pela Universidade de Lleida (Espanha), Mestre em Educação pela Universidade de Sherbrooke (Canadá) e Bacharel em Ciências da Educação pela Universidade de Aix na Provença (França). Ele também tem um Certificado Executivo em Estratégia e Inovação no MIT (Sloan Executive Education, Boston). Ele é um consultor para empresas e facilitador na área de Corporate Learning da Harvard Business Publishing desde 2008. É professor do Mestrado em Psicologia Organizacional (MPO) e Master in Management Skills (MHD) pela Universidad Adolfo Ibañez. Foi também professor de MBA e Mestre em Gestão Pública no IEDE Escola de Negócios e no Mestrado em Comunicação da Universidade Católica. É coach certificado pela ICC (International Coaching Community). Ele está atualmente cursando um segundo doutorado na Universidade Sorbonne, Paris 3 IHEAL (Instituto de Estudos Superiores da América Latina). Trabalhou em mais de quarenta países em questões de Aprendizagem Corporativa, Desenvolvimento de Liderança, Equipes de Alto Desempenho e Gerenciamento de Mudanças.

INTRODUÇÃO

Para lidar com as altas e crescentes demandas do mundo laboral atual, com constante pressão para alcançar resultados, às quais tentamos responder da melhor maneira e idealmente sem sacrificar a saúde e a qualidade de vida, precisamos de ferramentas que nos permitam ser o mais eficazes possível, gerenciando de forma ideal o equilíbrio entre trabalho e vida pessoal para sentir-se plenamente satisfeito em ambos.

Depois de ter percorrido um fascinante caminho com mais de 12 anos no mundo do alto rendimento esportivo, nove anos no mundo do *fitness* – liderando equipes de vendas – e agora há já dez anos como *coach* profissional, consegui integrar conceitos, modelos, metodologias, pesquisas e experiências que pude resumir neste livro para que você possa adquirir ferramentas que lhe permitam melhorar seu desempenho e bem-estar.

Isso por meio de uma leitura que procurei que fosse simples, divertida, com suporte e que principalmente se conecte com o leitor, para que fique com o que lhe é novo, que lhe faça sentido e que, principalmente, contribua ao seu desenvolvimento pessoal.

Para colocar o seu máximo potencial em ação, se diz em inglês *be the best you can be* (seja o melhor que você pode ser).

E a pergunta que nos pode surgir é... E não sou? O que mais poderia(m) querer de mim? Embora para alguns seja uma pergunta e resposta que aparecerá mais imediata e claramente, haverá outros que podem precisar de mais tempo e/ou apoio com outras perspectivas para ver o que eles não vêm.

Perguntas como "O que espero de mim mesmo?", "Estou satisfeito com a minha vida (de 1 a 10 numa escala de nada a totalmente)?", "O que quero que aconteça na minha vida e como faço para alcançá-lo?", "Estou indo na direção certa para onde quero ir, conectado aos meus valores?" ou talvez, "Sei aonde quero ir?", "Qual é a minha missão essencial na vida?", nos permitirão saber se estamos tomando as melhores decisões todos os dias e, em seguida, fazer os ajustes necessários.

Entre as decisões diárias que estamos tomando aparece o postulado central deste livro, com a seguinte questão, que se reflete na analogia das máscaras de oxigênio de um avião em emergência. Para quando estas caírem, é obrigatório o cumprimento de uma indicação expressa dos comissários de bordo que diz que se formos com pessoas dependentes, crianças ou adultos mais velhos, devemos sempre, sempre, sempre, primeiro colocar a máscara neles... Ou em nós? Quem nós priorizamos?

Tenho feito essa pergunta a centenas de profissionais em meus *workshops* e nem todos têm certeza da resposta ou concordam com ela. No entanto, a resposta é uma só e é aplicada em todo o mundo como regra em todos os voos: "Eu primeiro!" Isso é assim porque se eu estiver bem, posso atender ou ajudar quem tiver perto e pelo qual tenho responsabilidade, seja em um voo, em casa ou no trabalho.

No campo profissional, a situação anterior pode ser relevante a ponto de mover indicadores, como os levantados por David Fishman em seus estudos de liderança. Neles, Fishman diz que cerca de 80% das pessoas desistem de seus trabalhos porque não se sentem valorizados pelo seu chefe, o que implica em não ser levado em consideração e, eventualmente, procurar outra empresa onde possam entregar seu talento. Em outras palavras, a hipótese seria que se "o chefe" não está na sua melhor versão, se ele não cuidar do seu próprio bem-estar para agir de forma naturalmente positiva, com energia e entusiasmo, será muito difícil para ele "cuidar" dos outros e melhorar a sua performance.

Veja o que nos propõe na seguinte frase sobre liderança Peter Drucker, considerado o maior filósofo da administração do mundo no século XX e autor de mais de 35 livros: "A tua primeira e principal missão como líder é assumir o controle da sua própria energia e, em seguida, ajudar a orquestrar a energia das pessoas ao seu redor".

Ao conectar-nos com nosso cuidado pessoal e estando atentos a pequenas ações que têm um grande impacto em nosso bem-estar, nos sentiremos melhor, com vitalidade, disposição e força para enfrentar os desafios pessoais e/ou profissionais. Sabemos que ao alcançá-los eles nos levarão a um estado emocional de confiança, satisfação e realização que nos preparará para enfrentar maiores desafios, irradiando positividade para aqueles ao nosso redor diretamente ou indiretamente, consciente ou inconscientemente. É uma ideia simples que pode ser representada no seguinte círculo virtuoso:

Círculo virtuoso do wellness e performance

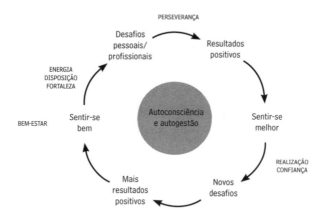

Para contextualizar a realidade ou o cenário que iremos enfrentar para atingir o nosso máximo potencial de ação, estamos inseridos em uma cultura em que o "normal" está longe de ser sinônimo de "saudável", considerando nossa saúde como a base para construir nosso bem-estar e sucesso pessoal.

Atenção aos seguintes dados:

Os dados da OMS (Organização Mundial da Saúde) indicam que mundialmente em 2016, mais de 1,9 bilhão de adultos com 18 anos ou mais estavam com sobrepeso, dos quais mais de 650 milhões eram obesos.

Globalmente, 1 em cada 4 adultos não atinge os níveis recomendados de atividade física.

Até 5 milhões de mortes por ano poderiam ser evitadas com um maior nível de atividade física da população mundial.

A depressão também atinge 17,2% da população, sendo um transtorno mental que afeta 350 milhões de pessoas em todo o mundo, levando ao suicídio na pior das hipóteses, de acordo com a OMS.

No Brasil, entre 2020 e 2021, 40% das pessoas entrevistadas pela Statista Global Consumer Survey declararam ter experimentado problemas de saúde mental como depressão, estresse ou ansiedade nos 12 meses anteriores à pesquisa.

A Organização das Nações Unidas para a Alimentação e Agricultura (FAO) posiciona o Chile em segundo lugar nas taxas de obesidade mundial, deteriorando o bem-estar da população chilena e aumentando o risco de doenças não transmissíveis, como ataques cardíacos, diabetes e certos tipos de câncer. Além disso, o relatório refletiu que apenas 5% da população têm alimentação saudável e 86,7% mantêm uma vida sedentária. O consumo de água é baixo, com apenas 28,3%. O consumo de frutas nas quantidades recomendadas representa 15%.

Lamentavelmente, o Chile também aparece em 2015 como o quinto país – dos 39 da Organização de Cooperação para o Desenvolvimento Econômico (OCDE) – que mais horas trabalha por ano, e, apesar disso, tem uma das piores taxas de produtividade do mundo.

Todo o exposto me leva a perguntar o seguinte: qual estilo de vida estamos levando?

O autor do best-seller *Pai rico, pai pobre*, Robert Kiyosaki, tem uma frase que parece muito apropriada para refletir sobre os dados mencionados: "Gastamos a nossa saúde para construir a nossa riqueza... E depois gastamos desesperadamente nossa riqueza para recuperar nossa saúde".

Poderíamos continuar analisando as estatísticas, principalmente as relacionadas e causadas nos ambientes de trabalho, como por exemplo o absentismo, as faltas por estresse ou doenças musculoesqueléticas; incluindo indicadores de aumento de suicídio dos últimos anos. No entanto, não será este o objetivo deste livro, uma vez que o foco estará nos hábitos diários que causam os indicadores mencionados, além dos que nos liberam deles.

Falaremos, portanto, em primeiro lugar de autoconsciência, de perceber como vivemos o nosso dia a dia e as decisões que estamos tomando. Então podemos escolher melhor e gerenciar-nos de uma forma diferente – autogestão – que nos levará a desfrutar de uma vida plenamente saudável.

Vamos desligar o piloto automático por alguns instantes da velocidade de cruzeiro com a qual estamos acostumados a viver a vida. Vamos desacelerar para refletir sobre ela e definir ações concretas que nos tragam mudanças positivas.

Vamos descobrir como "construir" nossa saúde, bem-estar e felicidade com novos comportamentos, intencionais e eficazes: aqueles que aos poucos serão integrados ao nosso cotidiano.

A título de exemplo: podemos perceber que somos fumantes muito ativos e que isso tem consequências prejudiciais para a saúde. Ainda assim, "não queremos" fazer nada a respeito. Isso acontece quando não queremos sair do espaço em que estamos, da nossa zona de domínio, do conhecido, do que estou "acostumado", da chamada zona de conforto.

Se você está nessa fase da vida, o "eu não quero ou não estou interessado em novas possibilidades", apesar de estar ciente de que precisa fazer mudanças na sua vida, este livro provavelmente não é para você. Ou talvez sim. Quem sabe? Só você mesmo.

No entanto, se o leitor está numa fase de "poderia ser" e com interesse em descobrir, em expandir-se, transformar-se em uma versão 2.0 de si mesmo, ou já "percebeu" algo e pensou na possibilidade de fazer mudanças pessoais para uma melhor qualidade de vida, ou talvez já tenha iniciado esse caminho, esta leitura pode cair como um anel ao dedo.

No livro, apresento uma série de conceitos que inicialmente poderiam dar a impressão de não estar relacionados ou de ter especificidades não integradas. Também podem parecer direcionados a um público específico. No entanto, posso garantir que a relação de conceitos, metodologias, estudos e experiências existe, e quem o lê poderá resgatar o que fizer sentido para si e que contribuirá para o seu aperfeiçoamento pessoal. O livro busca uma transversalidade no público, sustentado no fato de que todos podemos melhorar dia a dia, de acordo com o princípio oriental Kaizen: "Hoje melhor do que ontem e amanhã melhor do que hoje".

Todos nós podemos ser pessoas de alta performance porque temos o potencial para isso e este livro tornará mais fácil para nós colocar todo nosso potencial em ação. Isso na área em que queiramos, se realmente o desejamos e nos planejamos para isso. Podemos ser um filho, um pai/mãe, sócio, trabalhador, executivo ou empresário de alta performance.

As ideias principais que compartilharei no livro não vêm apenas de estudos formais, literatura e pesquisas recentes. Elas também integram o que aprendi em minha carreira como atleta olímpico, de onde recolhi metodologias de alto desempenho e valores essenciais; da prática da disciplina oriental do judô, cujos princípios enriquecem e fortalecem o espírito; da metodologia do *coaching* profissional, com seu modelo de indagação-

-reflexão-ação para gerar mudanças sustentáveis; do bem-estar como um estilo de vida equilibrado multidimensional; das minhas centenas de viagens a várias culturas, que ampliaram minha visão do mundo; e da minha experiência de vida como pai, filho, marido, trabalhador, empresário e atualmente facilitador do desenvolvimento da liderança pessoal, do desempenho e do bem-estar nas organizações.

Vamos descobrir novas possibilidades e oportunidades, ampliando a nossa perspectiva à medida que nos conhecemos mais. Nesse caminho estaremos mais atentos àquilo que antes não estávamos para definir metas ou novas metas que conectem com o nosso propósito de vida, dando pequenos passos que possam gerar grandes mudanças e grandes satisfações.

Sem dúvida, o maior desafio que enfrento ao escrever este livro é mobilizá-los da leitura à ação... E pretendo fazer isso por meio de perguntas, dados concretos, modelos práticos e histórias que nos façam reflexionar, até mesmo nos questionar, para que possamos dar pequenos passos conscientes com novas ações que podem ser transformadas em novos hábitos e finalmente numa versão aprimorada e evoluída de nós mesmos.

SUMÁRIO

CAPÍTULO 1
O QUE É SAÚDE 25

CAPÍTULO 2
DA SAÚDE AO BEM-ESTAR 51

CAPÍTULO 3
O FATOR ESTRESSE - E COMO ADMINISTRAR NOSSA ENERGIA 79

CAPÍTULO 4
GESTÃO DE MUDANÇAS EM MIM: LIDERANÇA PESSOAL 89

CAPÍTULO 5
VALORES DO ESPORTE OLÍMPICO APLICADOS À VIDA E AO TRABALHO 125

CAPÍTULO 6
ALTO RENDIMENTO 135

CAPÍTULO 7
A FLEXIBILIDADE E PERSEVERANÇA DO JUDÔ APLICADAS ÀS ORGANIZAÇÕES 149

CAPÍTULO 8
O COACHING COMO IMPULSOR DE COMPETÊNCIAS PESSOAIS E RELACIONAIS 159

CAPÍTULO FINAL
CONCLUSÕES 171

REFERÊNCIAS **177**

ANEXO 1:
QUESTIONÁRIO DE ATIVIDADES FÍSICAS HABITUAIS **183**

ANEXO 2:
VOCÊ SE ALIMENTA CORRETAMENTE? **185**

ANEXO 3:
TESTE DE VULNERABILIDADE AO ESTRESSE **189**

ANEXO 4:
DIAGRAMA - WELLNESS TEST **191**

O QUE É SAÚDE

> "Quando falta saúde, a sabedoria não se revela,
> a arte não se manifesta, a força não luta, a riqueza é
> inútil e a inteligência inaplicável."
> **Herophilus (médico grego, 335-280 AC)**

Eu queria começar com o tópico de saúde e atividade física porque será justamente o "desde" para poder avançar progressivamente a outras questões. Embora outros temas também sejam importantes, a saúde é o essencial, a base sobre a qual podemos construir uma melhor qualidade de vida. No que diz respeito à atividade física, esta será um dos meios principais, se não o principal, pelo qual a poderemos obter.

A OMS (Organização Mundial da Saúde) já há mais de meio século definiu saúde como "o estado de completo bem-estar físico, mental e social, e não apenas a ausência de doenças ou enfermidades", definição que pela primeira vez que li atraiu minha atenção por ter ido muito além do que eu considerava saudável. Na verdade, inicialmente pensei que bastava, para ser "saudável", estar sem doenças.

Então, lendo um livro que um grande amigo me deu, chamado *A semente da vitória*, de Nuno Cobra – que foi treinador de atletas e empresários de prestígio no Brasil, além de professor de Qualidade de Vida na Universidade de São Paulo –, encontrei uma definição com a qual sintonizei ainda mais, por considerá-la mais completa, com um olhar ainda mais amplo e significativo. Ele define saúde como "A alegria de viver. É se encantar com a vida. É ter entusiasmo, energia, vitalidade, disposição. É um processo de equilíbrio do organismo. Existem milhões de mecanismos interagindo e movendo no interior do seu corpo para que tudo funcione corretamente".

Com base nessas duas definições, convido você a responder a estas primeiras perguntas:

- Você se sente saudável?
- Se você pudesse medir seu entusiasmo diário em uma escala de 1 a 10, em que número você se encontraria?
- O que o leva a escolher esse número e o que você pode fazer para alcançá-lo ou mantê-lo?
- Em uma escala de 1 a 10, quão importante é o seu corpo para você?
- Em uma escala de 1 a 10, quanto tempo você gasta cuidando de seu corpo e se exercitando (ao menos 150 minutos por semana) e alimentando-se adequadamente (com nutrientes essenciais)?

Se com a manutenção e cuidado do nosso veículo somos tão meticulosos e escolhemos o melhor combustível para que funcione em condições perfeitas e o levamos para a revisão e manutenção dos 10.000 km, 20.000 km, 30.000 km e mais, por que não fazemos o mesmo com nosso corpo? Com os testes e avaliações para prevenir doenças crônicas não transmissíveis (DCNT)? Com o cuidado com a qualidade da comida que comemos ou velando pelo nosso sono?

Se alguma dessas questões gerou algum grau de reflexão, começamos pelo caminho certo e nos conectamos com o primeiro propósito deste livro, que considero o mais importante dentro de um processo de desenvolvimento de novos comportamentos: o de gerar consciência. Eu o considero o mais importante. Afinal, se não tivermos conhecimento do que podemos melhorar, como vamos tomar melhores decisões? Além disso, como podemos saber se queremos mudar algo ou não, se não estamos cientes disso? Antes que isso aconteça nós não sabemos que não sabemos.

Um exemplo simples de parar para refletir que foi bastante significativo para mim foi quando em minhas viagens de treinamento e/ou competição passei muitas horas nos aeroportos em trânsito esperando para poder embarcar no meu destino. Naquela época, como o WiFi não existia ou não estava disponível em aeroportos ou locais públicos, eram longas horas que poderiam ser bastante entediantes. Foi então que, sentado na sala de embarque, comecei a observar ao meu redor para ver o que outras pessoas estavam fazendo, provavelmente em uma situação semelhante à minha e eu descobri que tinha duas possibilidades. O primeiro seria comprar um "Game Boy" para mim. Você conhece ou se lembra deles? Isso provavelmente não teria me levado a lugar nenhum. A segunda opção era começar a ler livros, o que realmente evitei durante toda a minha vida escolar. Eu devo dizer-lhes que inclinar-me pela opção da leitura foi uma das melhores decisões que tomei na minha vida e que, embora tenha me custado muito habituar-me, pude descobrir um mundo que não conhecia. Tornou-se uma fonte de inspiração e um espaço de aprendizagem que utilizo até hoje.

Outro exemplo simples – e mais atual – de perceber e tomar decisões contra possibilidades que estão à mão e que não estamos considerando foi quando, alguns anos atrás, um amigo me falou sobre os aplicativos Waze e Google Maps e decidi experimentá-los. Quando comecei a usar o GPS para chegar aos meus destinos desconhecidos percebi que com isso eu poderia otimizar meus tempos, o que para mim é muito importante, e, por isso, também acabou virando um novo hábito.

Os dois exemplos mencionados mostram que as coisas acontecem ao nosso redor e que até certo momento não tínhamos percebido, e que, se estivermos atentos e abertos a essas possibilidades, muitas vezes o nosso dia a dia se facilita e até pode melhorar nossas vidas.

Uma vez que a "consciência" é atingida, a segunda etapa que viria seria realizar ações que nos conduzam a esse novo espaço ou domínio. Em várias ocasiões, não sabemos como fazê-lo. Não será sempre tão simples quanto começar a ler ou usar um novo aplicativo de *smartphone*, mas sim algo que exige um processo de aprendizagem acompanhado de um bom planejamento, como, por exemplo, no mundo organizacional, aprender a dar *feedback* aos nossos funcionários.

Ao morar no Chile e me desenvolver como profissional que promove a melhoria da saúde das pessoas e a prática de atividade física como forma de alcançá-la, encontro-me diante de um desafio maior que em outros países. Isso porque, no Chile, 8 em cada 10 pessoas não realizam atividade física regularmente, de acordo com a Pesquisa Nacional de Atividade Física e Esportes na população com mais de 18 anos, encomendada pelo Ministério do Esporte (2019). O mais complexo é que, em geral, se formos uma dessas pessoas, podemos nos considerar completamente "normais" dado o meio. E será "normal" algo saudável, ou é precisamente algo de que não somos conscientes? Ou talvez sim, e não queremos fazer nada a respeito.

Viver com um baixo nível de consciência, "sem perceber", no *coaching* chamamos de viver em um estado de transparência, no piloto automático. É quando avançamos no dia a dia sem parar para "afiar o machado", como diz Stephen Covey em seu livro *best-seller*, *Os 7 hábitos das pessoas altamente eficazes*. Uma pessoa, que poderia ser o leitor, encontra-se com outra que trabalha febrilmente na floresta e pergunta o que está fazendo, ao que a pessoa responde:

— Você não vê? Estou cortando uma árvore.

— Parece exausto! Quanto tempo faz que está trabalhando nisso?

— Mais de cinco horas e isso não é fácil.

— Por que você não faz uma pausa por alguns minutos e afia seu machado? Certamente cortaria muito mais rápido.

— Não tenho tempo para afiar o machado. Estou muito ocupado derrubando a árvore.

A isso se refere a importância de uma pausa para ver "o que" estou fazendo e "como" estou fazendo. Um espaço que também poderíamos chamar de "subir na varanda" para observar. Esse processo pode ser ainda mais valioso se temos outra pessoa observando e que complemente o que nós estamos vendo. Como diz um dos grandes professores que conheci, François Le Calvez, "O olho não vê a pupila" (provérbio tibetano). Definitivamente não vemos tudo e temos nossos pontos cegos.

Ao interpretar essa frase, podemos perceber que existem coisas que nós mesmos, sem importar o quanto tentemos ver, não seremos capazes de resolver sozinhos. É por causa disso que receber outro olhar ao que fazemos e como fazemos pode ser muito enriquecedor, desde que estejamos prontos para abrir-nos e receber outros olhares. Eles podem ser de pessoas com quem nos sentimos conectados e/ou confiamos, de modo que é mais fácil aceitar dito olhar distinto. Esse processo é o que chamamos *feedback* e é comumente utilizado pelos atletas de alta performance e altos executivos.

Veja o seguinte modelo, a janela de Johari:

"Todos nós precisamos de um treinador. Todos nós precisamos de pessoas para nos dar *feedback*. É assim que nós melhoramos", disse Bill Gates.

Quando falo em melhorar, quero dizer como um estilo de vida, um processo contínuo e permanente para poder desenvolver-nos como seres humanos. Embora eu possa não ser perfeito, posso ser melhor.

Esse estilo de vida pode ser muito agradável e positivo, porque na medida em que crescemos e nos desenvolvemos, nos sentimos com mais confiança e mais eficazes. São pequenas vitórias que vamos conquistando, que nos permitem enfrentar novos desafios e que nos trazem ainda mais confiança; nos sentimos mais plenos, mais realizados e entramos no círculo virtuoso do diagrama que apresentei na introdução.

O processo de melhoria contínua, de pensar "não posso ser perfeito, mas posso ser melhor", é característico dos atletas de alta performance e dos grandes empreendedores, que estão sempre buscando aprimorar suas marcas, realizar feitos gigantescos, quebrar recordes e se superar permanentemente, tornando o impossível em possível. Tal é o caso do famoso atleta Roger Bannister, que em 1954 foi o primeiro na história a diminuir a marca de quatro minutos para correr uma milha (1.609 metros), algo que até então era considerado por muitos especialistas impossível de alcançar. No entanto, um mês após a "milha milagrosa", seu recorde foi quebrado pelo australiano John Landy e assim por diante, sendo hoje o recorde de milha cerca de 17 segundos a menos. Bastou que Bannister tornasse o impossível possível para que outros quebrassem suas crenças limitantes.

Retornando ao conceito de saúde e conectando-o com a

conscientização e a melhoria contínua, convido você para revisar alguns parâmetros que permitirão que você "perceba" quão saudável está atualmente:

1. Você pratica atividade física moderada* pelo menos cinco vezes por semana por 30 minutos?
2. Você tem uma circunferência da cintura inferior a 88 se você é uma mulher e 102 se é um homem?
3. O seu nível de açúcar no sangue é inferior a 100 mg/dl?
4. A sua pressão arterial está próxima de 120/80 mmHg?
5. O seu nível de colesterol (total) é inferior a 200 mg/dl?
6. Você se levanta sem despertador ou imediatamente após ouvi-lo, com boa disposição?
7. Você come cinco porções de frutas e vegetais por dia e se mantém hidratado o suficiente (8 copos de água/dia)?
8. Você bebe mais de 710 ml de cerveja, 296 ml de vinho por dia ou 88 ml de bebida forte se for homem e 355 ml de cerveja, 148 ml de vinho ou 44 ml de bebida forte se for mulher?
9. Você fuma?
10. Você ri pelo menos 20 vezes por dia?
11. Você compartilha e goza de atividades com os amigos (semanalmente)?

---

* Exemplos de atividade física moderada: caminhar por 30 minutos, correr 2 km em 15 minutos, nadar por 20 minutos, dançar por 30 minutos, jogar vôlei por 45 min., subir e descer escadas por 15 min., jardinar por 45 a 60 min., lavar e encerar o carro por 45 min.

12. Você reconhece e agradece pelas coisas positivas que acontecem diariamente?

COMO FOI?

No caso de terem respondido favoravelmente a sete dessas 12 questões, você poderia estar, supostamente, 58% saudável. O que você acha disso? Você acha que poderia ser melhor? Que tal alcançar um resultado mais favorável? Que benefícios poderia haver? O que o impede de ter uma saúde melhor? Quanto melhor o percentual que atingirmos, melhor saúde teremos e, consequentemente, uma melhor performance. Além disso, é uma apólice de seguro para nossa funcionalidade e qualidade de vida futura quando falamos de terceira idade ou mais.

Se considerarmos o aumento da taxa de expectativa de vida, dados os avanços tecnológicos e científicos, atualmente no Brasil a expectativa de vida é de 76,6 anos de acordo o Instituto Brasileiro de Geografia e Estatística (IBGE). No Chile, a estimativa é bastante similar, cerca de 80 anos para as mulheres e 75 anos para os homens. Consequentemente, a grande questão não é mais por quanto tempo viveremos, e sim: como vamos viver? Com que qualidade de vida?

Seremos capazes de amarrar nossos sapatos sozinhos nessa idade, levantar-nos da cadeira sem ajuda, bem como outra série de atividades que hoje, quando as fazemos, passam despercebidas?

Para incorporar novos comportamentos e transformá-los em hábitos que nos permitam estar em ótimas condições de saúde, devemos primeiro "querer" fazer algumas mudanças; ter uma intenção genuína de assumir as mudanças, "assumir o comando", o que não significa que devemos ser drásticos. Pelo contrário, vamos passo a passo, com pequenos objetivos que, quando alcançados, nos dão as "pequenas vitórias" que indico no círculo virtuoso do *wellness* e *performance*.

Uma das metodologias de aprendizagem de melhor desempenho, com evidências a respeito, é o *coaching*, ao qual atribuí o capítulo 8 deste livro. Por meio dessa disciplina, passamos pela tomada de consciência, chegando a uma reflexão para decidir assumir o controle do que queremos melhorar, seguida de um bom *brainstorming*, um dos elementos-chave para depois montar um bom planejamento. Com ele, podemos encontrar uma variável de possibilidades para então escolher aquela ou aquelas que nos fazem mais sentido para iniciar nosso processo. Como recomendação, a ideia a ser realizada não deve ser fácil e não deve estar muito longe de nossas capacidades atuais. O que procuramos são ideias realistas para poder executar e que nos permitam fluir adequadamente.

Se usarmos o *brainstorming* para melhorar nossa nota de saúde recém-descoberta, poderíamos ter uma porcentagem melhor da próxima vez que respondêssemos às mesmas 12 perguntas no futuro, e, melhor ainda, aproveitaríamos os benefícios de sermos mais saudáveis, como ter mais energia para lidar com tarefas diárias e aumentar nossa tolerância ao estresse.

Considerando que os parâmetros dos pontos 1 a 5 poderiam ser melhorados pela prática de atividade física moderada cinco vezes por semana por pelo menos 30 minutos (em duas séries de 15 minutos ou mesmo em três séries de 10 minutos), proponho o seguinte *brainstorming* para isso:

Caminhar para o trabalho, para a escola dos filhos, para almoçar, para pegar sua locomoção, para o cinema, para a casa de amigos; subir escadas no metro, no trabalho, ao visitar amigos; correr; nadar; andar em bicicleta; fazer ioga; dançar sozinho, acompanhado, em grupo, em casa (em frente ao espelho), em uma festa, em uma discoteca; pular corda; jogar futebol, tênis, basquete, vôlei, queimada, remo, tênis de mesa, brincar com as crianças no parque; caminhar com um parceiro, com o vizinho, com o cachorro – acompanhado é sempre melhor; ir pra academia, ao clube, às atividades comunitárias; subir uma colina; e também sexo, claro!

Tudo que foi mencionado anteriormente pode ser feito ainda de maneira combinada, de tal modo que no final de cada semana some 150 minutos no mínimo de atividade física.

Para o ponto 6, as ideias podem ser: dormir mais, deitando-se um pouco mais cedo. Para fazer isso, relaxe antes de dormir com uma gostosa ducha ou uma boa massagem; jante pratos leves e de fácil digestão, em porções menores; evite assistir TV ou outras telas LED; leia; ouça músicas que relaxem ou aplicativos para *smartphones* criados com esse propósito; faça exercícios respiratórios; e, ao acordar, coloque uma música que o anime para levantar-se com energia; pense no melhor que o espera nesse dia, ou visualize um dia positivo.

Para o ponto 7, compre mais verduras e frutas no supermercado; escolha as que mais gosta; prepare-as numa lancheira saudável no dia seguinte (quando necessário); compartilhe seu lanche saudável com amigos; procure locais onde vendam esse tipo de alimentação preparados, prontos para comer; quando acordar, que a primeira coisa a ingerir seja um copo d'água, que pode estar ao lado da mesa de cabeceira; depois, no escritório, tenha uma garrafa em mãos. Procure uma garrafa prática e divertida onde possa desfrutar da sua bebida, e, se puder, mantenha-a refrigerada; compre pacotes de *snacks* individuais no supermercado; tenha um bebedor de água em casa e também na oficina; troque outras bebidas que consumimos durante o dia por água; tente descobrir a diferença entre as diferentes marcas de água.

Para o ponto 8: saia mais com pessoas que não são consumidoras de álcool; mantenha o copo cheio o máximo tempo possível, saboreando lentamente o que bebe, principalmente nas reuniões de negócios; procure substituí-lo por sabores semelhantes não alcoólicos, como cerveja sem álcool; faça mais atividade física.

Para o ponto 9, conviva mais com pessoas que não fumam; leia, ouça e veja casos de pessoas relativamente próximas que conseguiram parar de fumar ou estão com a saúde muito debilitada devido ao tabaco; reflexione sobre o que gosta tanto no ato de fumar para procurar hábitos substitutivos que lhe proporcionem o mesmo prazer e recompensa; considere o exemplo que está dando aos outros sobre seu próprio domínio pessoal; também considere o fato de que podemos estar prejudicando outras pessoas ao nosso redor com a nicotina que emitimos; faça mais atividade física.

Para os pontos 10 e 11: ver, ouvir e ler piadas de comediantes; compartilhe mais com pessoas felizes, que irradiam energia positiva e nos "contaminam" com ela; vá a eventos que geram sorrisos (teatro, circo, cinema); procure estar mais com crianças pequenas. Elas têm uma risada maravilhosa!

Para o ponto 12: reconhecer, por meio da gratidão, as pessoas que têm sido facilitadoras e nos apoiam, isso nos faz bem; refletir sobre tudo de bom que aconteceu com você durante o dia e compartilhar com a família; ter uma visão positiva – veja o copo sempre meio cheio. O simples fato de ter chegado em casa é algo pelo qual agradecer, e, antes de dormir, faça uma lista, escrevendo à mão, das coisas positivas pelas quais agradecer.

Esse *brainstorming* apresenta apenas algumas das muitas possibilidades que existem para começar a melhorar nossa saúde, para se sentir melhor, com mais energia, entusiasmo, confiança e atenção para que novas possibilidades se abram para fazer mais, para ser mais.

Como diz o provérbio árabe, "quem quer conseguir algo encontra o caminho; aquele que não, encontra desculpas".

Todas essas possibilidades podem ser aumentadas ainda mais reunindo-se com alguns amigos que também têm interesse em melhorar sua saúde. Assim, com essa lista aumentada, podemos decidir por qual ação vamos começar. Tente não ter mais do que três propósitos simultâneos num início. O fato de cumprir um por um lhe dará mais confiança para seguir em frente, em vez de escolher quatro ou mais objetivos e acabar não cumprindo com nenhum deles.

Viver de forma saudável é fazer escolhas conscientes, responsabilizar-se por ter uma melhor qualidade de vida e que também representa respeito e responsabilidade pessoal, familiar e social.

Embora possamos pensar que nossa saúde depende de um fator "sorte, o ambiente ou a genética". De acordo com os estudos apresentados pelo Dr. Robert Sallis, 50% do estado de saúde vai depender dos comportamentos diários saudáveis que adotamos.

Veja o seguinte esquema:

**Contribuintes ao estado geral de saúde;
o poder dos comportamentos saudáveis**

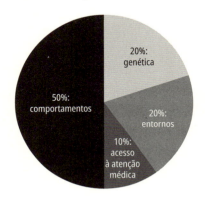

Fonte: elaboração a partir de apresentação do Dr. Robert Sallis na Universidad Mayor, Santiago do Chile.

Quanto mais repetimos as ações que correspondem a uma vida saudável, mais internalizada teremos aquela sensação de bem-estar e com mais fluidez continuaremos praticando esses comportamentos, transformando-os, a longo prazo, em novos hábitos. Vamos superando progressivamente os desafios que nos propomos passo a passo, escalando para grandes realizações.

As qualidades físicas do ser humano que todos nós trazemos ao nascer e podemos expandir conforme crescemos, como a força, velocidade, resistência, flexibilidade, equilíbrio, coordenação e agilidade, diminuem consideravelmente após os 40 anos se não lhes dermos os estímulos mínimos necessários.

Para poder saber como nos encontramos atualmente em relação a essas qualidades, recomendo fazer um teste de sua condição física atual, contendo os indicadores relacionados a cada uma delas, permitindo-lhes ter um ponto de partida definido para iniciar seu treinamento ou caminho de aperfeiçoamento. Esse teste pode ser solicitado a um profissional especialista ou professor de educação física em uma academia ou centro esportivo que seja conveniente para você. Experimente por ora apenas um pequeno teste de flexibilidade, que consiste no seguinte: em posição de pé com as pernas juntas e sem dobrar os joelhos, toque a ponta dos pés ou chão com os dedos das mãos. Se você alcançou o piso ou a ponta dos dedos dos pés, parabéns, é a posição básica ou mínima que se deve alcançar.

Tendo trabalhado no mundo do *fitness* por quase 10 anos, tive a possibilidade de testemunhar várias pessoas com mais de 70 anos frequentadoras regulares de academia e até de 80 anos e um pouco mais. A sua energia, vitalidade e entusiasmo eram verdadeiramente admiráveis! Ao mesmo tempo, sempre que vejo uma dessas pessoas, lembro de outros anciões que vi em centros para velhos, que infelizmente vivem seus últimos anos em cama, imóveis, praticamente sem nenhum tipo de gesto... E eu me pergunto: quão ativa foi essa pessoa durante sua juventude e meia-idade? Quanto cuidado teve com seu corpo nesse período, pensando no seu futuro? É esse o tipo de vida que queremos ter quando chegarmos a essa idade? Viver para vegetar?

Lembre-se de que corpo e mente estão conectados: se eu ativar o primeiro, ocorrem reações no corpo que favorecem consideravelmente o segundo. Neurotransmissores e hormônios aumentam sua atividade durante a atividade física, deixando o corpo em um estado de alerta, atenção e humor, inclusive para melhorar os níveis de aprendizagem. Observe o que acontece como o cérebro na imagem a seguir com apenas 20 minutos de caminhada:

Imagem composta por 20 cérebros de estudantes realizando a mesma prova

Depois de sentar-se em silêncio.   Depois de caminhar 20 minutos.

Fonte: pesquisa do Dr. Chuck Hillman, da Universidade de Illinois.

Atualmente existe uma série de estudos que relacionam a atividade física regular com o desenvolvimento de conexões nervosas; tanto que, nos Estados Unidos, ao oeste de Chicago, Naperville Central College, quase 19.000 alunos (do Distrito 203) obtiveram enormes ganhos físicos e de desempenho acadêmico em comparação com a população estudantil americana ao participar de um programa que os leva a fazer 30 minutos de prática de atividade física supervisionada e com intensidade indicada por frequência cardíaca antes de entrar nas salas de aula de alta demanda intelectual. O programa é denominado "Zero Hora PE" (Educação Física Zero Hora), porque ocorre no primeiro período (antes das aulas).

Nesse estudo, eles verificaram que esses alunos tiveram desempenho intelectual – em testes de matemática e ciências, por exemplo – superiores às de outras escolas que não aplicam essa metodologia, alcançando resultados de classe mundial nessas disciplinas.

Ao relacionar a atividade física com o aprendizado, como é o caso do programa Zero Hour PE, não posso deixar de lembrar a seguinte frase de Platão: "Para um homem ter sucesso na vida, Deus lhe concederá dois recursos: educação e atividade física. Não separadamente, um para a alma e outro para o corpo; mas para que eles estejam juntos. Com esses dois recursos, o homem pode alcançar a perfeição".

Acredito que, dada a crise que vivemos em todo o mundo, com nosso sistema educacional modelado na era industrial, com um sobrediagnóstico de hiperatividade e déficit de atenção em nossos filhos, ações como a implementada no Colégio Central de Naperville poderiam fazer uma grande diferença para sair dessa situação.

Até agora, o conceito de atividade física tem sido usado em várias instâncias sem nem mesmo defini-lo, sem falar nos benefícios investigados e validados. Nem entreguei recomendações específicas e fundamentais para transformar-nos em pessoas fisicamente ativas. Portanto, as seguintes linhas são destinadas a isso.

A atividade física é definida como qualquer movimento corporal produzido pelos músculos esqueléticos voluntariamente e que resulta em gasto de energia acima da linha de base (de acordo com Carpensen e seus colegas em um trabalho publicado em 1985); por exemplo, caminhando.

O exercício físico já é uma subcategoria da atividade física, que é planejado, estruturado, repetitivo e que visa melhorar ou manter um ou mais componentes da aptidão física. Por exemplo, ir à academia.

O esporte também aparece como uma subcategoria da atividade física que envolve desempenho e competição. Por exemplo, jogar uma partida de futebol ou tênis.

Hoje em dia, com os avanços tecnológicos, nossa vida se torna muito mais confortável do que na Idade da Pedra, quando despendíamos um maior esforço físico para poder viver e, portanto, maior gasto de energia, que atualmente corresponde a 38% da época, quando se caminhava entre 8 e 15 quilômetros apenas para procurar comida.

Se você quer saber em detalhes o quão fisicamente ativo você é atualmente, eu o convido a responder o primeiro questionário dos anexos no final deste livro, originalmente desenvolvido por Russel R. Pate, da Universidade da Carolina do Sul, EUA.

E quais serão os verdadeiros e tão favoráveis benefícios em ser uma pessoa mais fisicamente ativa?

A Dra. Sandra Mahecha Matsudo, que tem dedicado grande parte de sua vida profissional aos estudos relacionados aos benefícios da prática regular de atividade física e que foi premiada internacionalmente por seus estudos e contribuições, esclarece os seguintes benefícios:

1. Controle e diminuição da gordura corporal.
2. Mantém ou aumenta a massa muscular, força muscular e densidade mineral óssea.
3. Fortalecimento do tecido conjuntivo.

4. Melhora da flexibilidade.
5. Aumento do volume de sangue circulante, resistência física em 10-30% e ventilação pulmonar.
6. Diminuição da frequência cardíaca em repouso e durante trabalho submáximo e na pressão arterial.
7. Melhoria nos níveis de HDL e diminuição dos níveis de triglicerídeos, colesterol total e colesterol LDL; dos níveis de glicose no sangue, contribuindo para a prevenção e o controle do diabetes; melhoria nos parâmetros do sistema imunológico.
8. Redução de marcadores anti-inflamatórios associados a doenças crônicas.
9. Diminuição do risco de doença cardiovascular, acidente vascular cerebral tromboembólico, hipertensão, diabetes tipo 2, osteoporose, obesidade, câncer de cólon, útero e mama.
10. Melhora do autoconceito, da autoestima, da imagem corporal, humor, tensão muscular e insônia.
11. Prevenção ou retardo da perda de funções cognitivas (memória, atenção).
12. Redução do risco de depressão.
13. Menos estresse, ansiedade, depressão e uso de drogas.
14. Melhor socialização e qualidade de vida.
15. Redução do risco de quedas e lesões por quedas.
16. Aumento da força muscular dos membros inferiores e músculos da região espinhal.

17. Melhora no tempo de reação, sinergia motora de reações posturais, velocidade de caminhada, mobilidade e flexibilidade.
18. Eficaz no tratamento da doença arterial coronariana, hipertensão, doença vascular periférica, diabetes tipo 2, obesidade, colesterol alto, osteoartrite, claudicação e doenças doença de obstrução pulmonar crônica.
19. Eficaz no tratamento de transtornos de ansiedade e depressão, demência, dor, insuficiência cardíaca congestiva crônica, síncope, profilaxia de acidente vascular cerebral, tromboembolismo venoso, dor nas costas e constipação.

O que você acha?
Se você deseja obter um alto retorno do investimento, invista em se cuidar, em ser mais ativo, invista em si mesmo!

Por "investir" quero dizer tempo e não dinheiro, já que a atividade mais simples que poderíamos fazer, caminhar regularmente por 30 minutos cinco vezes por semana, é o suficiente para obter a grande maioria dos benefícios anteriormente mencionados... E é grátis!

Como a própria Dra. Sandra diz, tudo que é relacionado aos benefícios de investir em atividade física não é "creiologia"... É ciência!

De fato, as empresas que estão investindo em programas de atividade física dentro de suas organizações têm um retorno de até quatro vezes por cada dólar investido. Isso se vê refletido em:

- Aumento da produtividade;
- Melhora na qualidade do desempenho;
- Diminuição da taxa de ausências;
- Diminuição das licenças médicas em 8 a 10 dias;
- Diminuição da rotatividade.

Entre as principais recomendações de dosagem semanais para realizar um programa de atividade física mais estruturado estariam: fazer atividades aeróbicas (como caminhar) cinco vezes por semana, atividades de flexibilidade três vezes por semana e força duas vezes por semana.

Na seguinte tabela, apresento o princípio FITT (frequência, intensidade, tempo, tipo), que resume e detalha tais indicações, as quais nos permitirão estas qualidades físicas fundamentais:

(F) REQUÊNCIA (SEMANAL)	2 DIAS	3 DIAS	5 DIAS
(I) NTENSIDADE	Fadiga na última repetição da última série.	Tensão (sem dor).	Moderada (conversada).
(T) IPO	FORÇA	FLEXIBILIDADE	AERÓBICA
(T) EMPO	30 MIN.	10 a 20 MIN.	30 MIN.
	3 séries de 8 a 12 repetições por grupo muscular.	20 a 30 seg. Manter por grupo muscular.	70% FC Máx.

"Nunca é tarde para começar" é uma daquelas frases recorrentes e que às vezes não levamos com seu verdadeiro peso, porque "aqui e agora" é a oportunidade de fazer isso. E como dizemos no *coaching*... "Se não agora... Quando? Se não eu, quem?". Além disso, veremos que, dentro das dimensões da liderança, a primeira gestão de mudança que devemos assumir como líderes é a nossa, o "eu".

Os cuidados e práticas de uma vida saudável são transversais à idade, sexo, cultura e nível socioeconômico. São permanentes desde a hora de acordar até a hora de dormir, incluindo esse último processo, que é de grande importância para manter a vitalidade diária e o entusiasmo.

E se ainda não consigo apresentar argumentos suficientes para levá-lo a uma vida mais ativa, gostaria de dizer que atualmente existe um programa promovido pela American College of Sports Medicine, denominado Exercise is Medicine, que promove a prática de atividade física regular como tratamento preventivo. Essa organização oferece cursos em todo o mundo, treinando médicos para poder prescrever exercício físico, já que "pílulas mágicas" não bastam, nem "operações milagrosas", se não forem acompanhadas por mudanças comportamentais sustentáveis ao longo do tempo. A inatividade física é a segunda causa de morte no mundo! Isso depois da pressão arterial alta e acima do consumo de tabaco (I-Min Lee et al., 2012).

Estudos americanos mencionados no livro *Change or Die*, de Alan Deutschman, um jornalista de sucesso especializado em liderança e mudança organizacional, mostra que de cada 10 americanos que visitam o médico e são informados de que, se não mudarem seus hábitos, vão morrer ou acabar no pavilhão, 9... exatamente 9 de cada 10 pessoas não mudam.

Em que porcentagem escolheremos estar? Aqui é quando colocamos nossa liderança pessoal em ação.

Quando vi esses números pela primeira vez, fiquei muito chocado. Entendo que não é fácil sair da nossa zona de conforto. No entanto, antes de sofrermos uma "consequência trágica natural", como acabar no pavilhão, e então reagirmos e mudarmos, peço que você faça uma "pausa", planejando essa mudança, assumindo o controle de sua saúde e da sua vida.

Para fechar este primeiro capítulo, quero compartilhar com você alguns depoimentos de clientes e amigos que resumem em um parágrafo o que a atividade física provoca neles:

"Fazer exercícios de novo significou voltar à vida. Me fez sentir que ainda sou capaz de alcançar objetivos físicos e me alivia do estresse, da dor permanente que sentia por inatividade. Eu me sinto mais jovem!". **(A.P.: mulher, profissional, mãe de quatro filhos, 39 anos)**

"Em resumo, é sentir-me a cada dia com menos estresse e desenvolver-se muito melhor com as pessoas ao nosso redor. É um modo de vida que nos favorece todos os dias". **(R.R.: homem, executivo profissional, 34 anos)**

"Ter treinamento personalizado me mantém com muito boa estrutura física e tonificação. Eu estou feliz com os resultados! É a melhor decisão que eu poderia ter feito". **(G.B.: mulher, profissional executiva, competidora de fitness, 60 anos)**

"Isto me causa várias sensações: energia, autoaperfeiçoamento, etc., mas o que eu mais gosto é de sentir que enquanto eu treino, sou só eu". **(P.O.: Mulher, profissional administrativa, mãe de duas filhas, 38 anos)**

"Delicioso sacrifício físico em busca do melhor desempenho e cuidado com o corpo e o cérebro". **(T.M.: Homem, empresário, pai de três filhos, 39 anos)**

Como esses depoimentos chegam a você? Alguma vez você já se sentiu assim dessa forma? Eles o motivam a se ativar? São testemunhos de pessoas tão semelhantes a você ou a mim e que conseguiram se conectar com seus cuidados pessoais, com o cuidado de seu corpo, e estão felizes com os benefícios.

Não importa a atividade que você fizer: o importante é que faça algo nessa direção. E se ainda não se sente convocado a mudar e melhorar... Eu ainda tenho algumas páginas restantes para conectá-lo com essa possibilidade – ou outras que lhe façam sentido.

Pequenas mudanças podem trazer grandes resultados! Lembre-se que esse será um dos nossos lemas nesta viagem.

Depende apenas de cada um de nós! Tudo que precisamos está dentro de nós e podemos trazê-lo para fora, colocá-lo em ação. E poderá ser mais fácil com algumas das dicas que compartilharei com você.

Vamos agora ir além da dimensão física e entender nos próximos capítulos que, embora esta seja uma das principais dimensões do bem-estar, que pode ter um impacto significativo sobre os outros, não é a única.

> "As pequenas coisas?
> Os pequenos momentos? Não são pequenos."
> **Jon Kabat-Zinn**

CAPÍTULO 2

DA SAÚDE AO BEM-ESTAR

Para falar sobre bem-estar o homologuei com o *wellness*, cuja definição da National Wellness Institute é a seguinte: "Um estilo de vida multidimensional e holístico que procura o bem-estar físico, mental e espiritual, por meio de um processo contínuo e permanente, no qual a pessoa se torna consciente e toma decisões para uma existência mais plena".

Ao definir o *wellness* como um estilo de vida que busca um bem-estar multidimensional, considero-o um degrau acima e mais completo do que significa ser saudável, apesar do fato de que não podemos desfrutar de bem-estar sem saúde ou de saúde sem bem-estar.

Dessa forma, avançaremos mais uma etapa em nosso processo de acordo com esta definição, passando da consciência para decisões e ações.

Apresentarei e explicarei cada uma das dimensões do bem-estar em detalhe, sendo sua compreensão fundamental para tomar melhores decisões e, assim, melhorar nossa qualidade de vida.

Fonte: Elaboração com base no diagrama nacional de bem-estar do Instituto de Bem-Estar.

Dado que o que foi discutido até agora foi baseado principalmente na dimensão física, vou começar com a dimensão emocional, em seguida a dimensão profissional e daí passarei para a espiritual, social e intelectual, para, em seguida, fechar o círculo novamente com alguns aspectos fundamentais da esfera física ainda não tratados.

DIMENSÃO EMOCIONAL

O bem-estar emocional inclui o grau em que a pessoa se sente positiva e entusiasmada consigo mesma e com a vida – e se possui a habilidade para expressar seus sentimentos com liberdade e precisão, administrando-os de forma eficaz e tomando decisões pessoais seguras, com base nesses sentimentos, pensamentos e comportamentos.

Embora nossas emoções existam para que possamos senti-las, elas não devem dominar nossas vidas, nos cegar ou apagar a nossa energia, porque nesse caso elas poderiam tornar-se tóxicas, como explica Bernardo Stamateas em seu livro *Emociones tóxicas*.

Nessa dimensão, ao invés de pensar em "controlar as emoções", vejo muito sentido na ideia que propõe o psicólogo e especialista Ignacio Fernández quando fala em "gerenciá-los". E para consegui-lo, existem cinco momentos-chave, de acordo ao mesmo autor:

1. Pare para sentir a emoção.
2. Dê um nome à emoção.
3. Identifique a mensagem positiva da emoção.
4. Deixe de lado a carga de intensidade da emoção.
5. Reflita e decida o que fazer.

Quando paramos no ponto 2 para nomear a emoção, às vezes ficamos presos, sem saber como nomear o que estamos sentindo. É por isso que quero apresentar-lhes pelo menos nossas emoções básicas, que são aquelas que apresentam um estado físico e mental que compromete o organismo em sua totalidade e que são diferentes para cada emoção, conforme indicado pela psicóloga e autora do livro *El alba de las emociones*, Susana Bloch.

Ela fala sobre seis emoções básicas que podem gerar diferentes estados emocionais de acordo com sua duração, intensidade e/ou combinação. Estas são: alegria (risos, felicidade), tristeza (choro, depressão), medo (angústia, ansiedade), raiva (agressão, raiva), ternura (amor paterno, filial, amizade) e erotismo (sexualidade).

Uma apresentação mais ampla e variada para citar nossas emoções – ou, neste caso, sentimentos – é a de Travis Bradberry, autor de *Emotional Intelligence 2.0*, apresentado na tabela a seguir. Seria muito oportuno que neste momento você verificasse como está se sentindo durante esta leitura. Você pode escolher e registrar sua emoção predominante.

A fim de tornar-nos ainda mais autoconscientes – para então nos gerenciarmos – poderíamos definir as emoções predominantes no trabalho e em casa.

No ponto 3 dos passos propostos por Ignacio Fernández, temos que identificar a mensagem positiva da emoção. Embora em muitas ocasiões possa parecer difícil encontrar o positivo para o que estamos sentindo, ainda mais se o consideramos negativo, há situações em que a respectiva emoção cumpre muito bem seu papel; por exemplo, a raiva, quando nos permite estabelecer limites, resolver situações e não dizer "basta".

Em certas outras circunstâncias, uma emoção como o medo cumpre seu papel de forma positiva, protegendo-nos. Por exemplo: se estamos andando tranquilamente pela rua e de repente vemos a poucos metros de distância um *pitbull* solto que vem em nossa direção, nesse momento não vamos parar para racionalizar sobre isso, analisando o tamanho e peso do cão, intenção de ataque que ele pode ter, sua escala de agressividade ou possibilidades de derrotá-lo; nossa reação primária será simplesmente afastar-se dele.

Quadro dos cinco sentimentos principais proposto por Travis Bradberry, adaptado de Julia Oeste

INTENSIDADE DOS SENTIMENTOS	FELIZ	TRISTE	IRRITADO	AMEDRONTADO	ENVERGONHADO
ALTA	Eufórico	Deprimido	Furioso	Apavorado	Triste
	Excitado	Moribundo	Raivoso	Horrorizado	Compungido
	Exultante de alegria	Só	Indignado	Morrendo de medo	Caluniado
	Agitado	Ferido	Queimado	Petrificado	Desprezível
	Exuberante	Indeferido	Irascível	Medroso	Miserável
	Feliz	Desesperançado	Atacado	Em pânico	Desonrado
	Afortunado	Triste	Odiável	Frenético	Mortificado
	Apaixonado	Miserável	Traído	Chocado	Advertido
	Entusiasmado				
MÉDIA	Animado	De coração partido	Transtornado	Apreensivo	Contrito
	Grato	Desligado	Exaltado	Assustado	Indigno
	Alegre	Perdido	Defensivo	Ameaçado	Tortuoso
	Aliviado	Aflito	Frustrado	Inseguro	Culpado
	Satisfeito	Esvaziado	Áspero	Irritante	Apurado
	Resplendente	Melancólico	Abandonado	Intimidado	Reservado
	Encantador	Infeliz	Perturbado	Cauteloso	Vergonhoso
BAIXA	Feliz	Birrento	Incomodado	Nervoso	Ridículo
	Agradável	Abatido	Infeliz	Preocupado	Arrependido
	Afetuoso	Transtornado	Relutante	Tímido	Desconfortável
	Satisfeito	Desiludido	Irritado	Indeciso	Apenado
	Afável	Insatisfeito	Suscetível	Ansioso	Atordoado

Trecho do livro *Emotional Intelligence 2.0*, de Travis Bradberry e Jean Greaves.

Não necessariamente os cinco passos devem ser feitos em tempo real e com tudo o que estamos sentindo. Às vezes, podemos tomar um tempo específico para isso e até mesmo compartilhar essa reflexão emocional com outros, buscando apoio ou novas possibilidades de ação para cumprir o ponto 5, que é decidir o que fazer.

Acho que o importante sempre será que a gente consiga transformar o que acontece conosco em aprendizado e não nos permitir ficar presos em um estado emocional em que não queremos estar, como o estado tóxico que mencionei em algumas linhas anteriores. Para sair desse estado temos a possibilidade de usar nosso corpo, às vezes com posturas e respirações muito simples e isso só vai te tomar alguns minutos. Há exercícios para conectar-nos com nosso centro (nosso ponto neutro), como o proposto por Susana Bloch, chamado *Step-out*, que eu detalho a seguir:

- De pé com a coluna ereta, pés paralelos alinhados com a borda externa do quadril.
- Olhando para frente, a um ponto distante no horizonte.
- Músculos do rosto relaxados.
- Respirando pelo nariz de forma calma, suave e relaxada em um ritmo em que a inspiração tem a mesma duração que a expiração.
- O ritmo da respiração é sincronizado com o movimento contínuo dos braços.
- Estes são transportados esticados de baixo para cima, com as mãos entrelaçadas na frente do corpo, traçando uma espécie de arco gentil.

- Em seguida, dobre os cotovelos até alcançar a nuca com as mãos.
- Volte os braços para a posição original, exalando o ar suavemente entre os lábios, mantendo sempre as mãos entrelaçadas.
- A mesma sequência é repetida pelo menos três vezes, conscientemente.
- Em seguida, toque o rosto com movimentos como massagem suave com traços leves, com as pontas dos dedos, da linha central para fora.
- Finalmente mude sua postura, balançando o corpo, pernas e cabeça.

Gerenciando bem as nossas emoções, nossas relações interpessoais e nosso caminho para o sucesso são favorecidos. É por isso que a abordagem de Daniel Goleman à inteligência emocional assumiu tamanha importância desde que publicou seu livro *Inteligência emocional* há 25 anos. Igualmente, Travis Bradberry propõe que o quociente emocional (QE) é o indicador mais importante no trabalho e o mais determinante motor de liderança e excelência pessoal, responsável por 58% do desempenho em todos os tipos de emprego. Além disso, o QE tem uma proporção de 2 para 1 com o quociente intelectual (QI) como um preditor de sucesso profissional.

Agora, antes de ser um bom gestor de emoções e relacionamentos, há um passo de que não podemos nos esquecer, ao qual já me referi em mais de uma ocasião ao longo do livro. Estou falando da consciência, neste caso, a pessoal. Autoconsciência. Ao nos conscientizarmos, ao sermos capazes de "observar-nos"; só então poderemos verificar como estamos agindo e gerenciar as mudanças necessárias para nos sentirmos melhor e relacionar-nos positivamente com o nosso entorno. Antes disso, estaríamos em um absoluto estado de transparência.

Acho que é muito representativo e fácil de entender o explicado, com o seguinte diagrama da inteligência emocional de Goleman com seus quadrantes, que começam do lado esquerdo superior, com a autoconsciência.

Marco IE - Liderança de D. Goleman

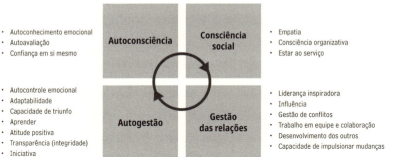

Quanto mais atenção damos às nossas ações diárias e à reflexão sobre essa ação, mais possibilidades teremos de fazer ajustes e, assim, nossas ações serão mais eficientes e eficazes.

É essencial entender que ao prestar mais atenção ao nosso entorno, "consciência social", não significa que devemos analisar como os outros estão agindo e, em seguida, dizer-lhes o que eles devem corrigir. Pelo contrário, o foco seria detectar como os outros estão se sentindo, do que eles precisam, se conectar, empatizar e descobrir o que gera nossa presença a eles.

Uma excelente oportunidade para colocar essas quatro etapas em ação pode acontecer, por exemplo, chegando à casa. Pare antes de abrir a porta e verifique como se sente, e então procure alcançar um estado ideal que lhe permita detectar como aqueles que vivem com você estão, e como se quer interagir com essas pessoas que são muito importantes na sua vida.

Lembre-se de que a única pessoa a que podemos garantir mudanças é aquela que temos em frente ao espelho todos os dias: EU! Aos outros, o que nós podemos fazer é influenciar...

No caso do líder de uma equipe esportiva ou profissional, essa habilidade tem uma tremenda relevância. Descobrindo como a equipe está, como se sentem seus integrantes, o líder será capaz de tomar as ações precisas para então mobilizá-los em direção aos objetivos. Mais uma vez a atenção se volta para nós e o que podemos fazer para influenciar positivamente nosso entorno. Estamos falando então de uma liderança pessoal que terá um impacto relacional e naturalmente organizacional. Vamos ver isso em detalhe mais adiante.

DIMENSÃO OCUPACIONAL

No bem-estar ocupacional, a premissa é que o desenvolvimento do trabalho esteja relacionado à atitude sobre o nosso trabalho, contribuindo com nossos dons, habilidades e talentos, transmitindo nossos valores pela participação em atividades que nos sejam gratificantes. A escolha da profissão, a satisfação com a remuneração, as ambições de carreira e o desempenho são importantes elementos comuns nessa dimensão.

Se eu pudesse resumir essa dimensão em uma frase, eu recorreria à citação do ator britânico Jim Fox, que diz: "Encontre um emprego que você goste e não terá que trabalhar um único dia de sua vida".

Como podemos conseguir isso? Existiria tal coisa? Como gostar tanto do nosso trabalho a ponto da principal razão para o fazermos ser porque queremos e sentimos que nos faz bem, que nos dá felicidade?

De acordo com os estudos do reconhecido psicólogo e acadêmico da Universidade de Chicago, falecido recentemente, Mihaly Csikszentmihalyi, para experimentar a alegria do compromisso total do que esteja sendo feito, ou seja, a experiência ideal ou estado de fluidez, devemos realizar atividades em que o nível do desafio e o nível de nossas capacidades para enfrentá-lo sejam igualmente altos.

É assim como, se no nosso trabalho temos que superar desafios que estão alinhados com nossas habilidades e capacidades, entramos em tal estado de conexão e fluidez que chegamos a não perceber a rapidez com que as horas passam. Literalmente perdemos a noção do tempo. Você tem alcançado esse estado em algumas ocasiões? Lembra do que estava fazendo para que acontecesse?

Lembro-me de que em várias ocasiões meu treinador de judô me adicionou certas dificuldades para lutar em um torneio quando considerou que o desafio (nível do adversário) não estava alinhado com o nível de minhas habilidades e capacidades naquele momento. Por exemplo, ele me limitava a usar uma única técnica só para poder vencer meu oponente, ou ganhar a luta antes do primeiro minuto – sendo que o prazo regulamentar era de cinco minutos – ou ganhá-lo no trabalho de solo e não com técnicas para derrubar; desafios que provocavam e requeriam que eu lutasse com todo o meu potencial liberado em cada situação de luta, o que permitia continuar meu desenvolvimento e melhora permanente como judoca de alto desempenho.

Por outro lado, se o nível do desafio é muito alto para nossas capacidades naquele momento, produzirá ansiedade, angústia ou frustração. Geralmente acontece quando, por exemplo, uma pessoa talentosa em seu trabalho é promovida a uma maior responsabilidade – no comando de uma equipe – sem que tenha sido preparada adequadamente com um treinamento prévio para enfrentar essa nova situação.

Ao contrário do cenário anterior, se nossas capacidades são muito altas para o desafio que temos que enfrentar, pode gerar apatia, tédio ou relaxamento. Por exemplo, quando estamos superqualificados para o cargo em que estamos ou então quando não podemos contribuir sendo que poderíamos, porque a autoridade formal organizacional não nos foi entregue.

Outro aspecto importante a ser considerado para que possamos estar plenamente envolvidos na dimensão ocupacional é a motivação, com um foco prioritário na motivação intrínseca sobre a extrínseca, embora esta última seja a mais recorrentemente utilizada nas empresas.

Sobre a motivação intrínseca, está estudado que ela ocorre quando temos autonomia para desenvolver nosso trabalho com as habilidades necessárias; quando estamos em um processo de aprendizagem permanente; quando temos um relacionamento saudável entre os colegas do trabalho e a chefatura; e quando vemos um propósito e sentido maior no que fazemos, sentindo-nos parte de esse propósito. Entendendo que esse tipo de motivação pode ser desenvolvido de maneira pessoal, é parte da responsabilidade de todo líder, principalmente nos cargos de maior autoridade dentro de uma empresa, que sejam verdadeiros facilitadores dessa motivação para que ela predomine nos trabalhadores. Além de favorecer seu desenvolvimento pessoal e profissional, isso fornecerá resultados positivos com uma maior rentabilidade para a organização.

No caso da motivação extrínseca, essa dependerá principalmente dos processos organizacionais de *feedback* e reconhecimento; um sistema de remuneração atrativo, com bônus e incentivos; bem como o oposto, como punições por não cumprimento de tarefas.

Devemos ter em mente que, paralelamente ao desenvolvimento das duas motivações explicadas, as condições mínimas requeridas dentro de uma organização (condições higiênicas, por exemplo) estejam garantidas. Estas se relacionam para que existam os recursos para fazer o trabalho necessário; a segurança mínima; a clareza das funções; comunicação de qualidade; protocolos e processos de ordem sem entrar em excessiva burocracia; e, finalmente, que exista uma liderança justa.

O autor e consultor internacional David Fischman apresenta uma série de casos concretos e excelentes teorias relacionadas à motivação no seu livro *Motivación 360°*, onde você poderá encontrar um maior detalhe e aprofundamento do supracitado. Além do mais, acho que é uma leitura fácil, divertida e necessária para todo trabalhador, mais relevante ainda se você é um chefe.

Sir Ken Robinson, um educador e escritor britânico diz em sua palestra TED, visualizada por milhões, que as escolas matam a criatividade das crianças. Ele escreveu um livro chamado *O elemento*, e nele afirma que alcançamos nosso Elemento quando conseguimos nos dedicar profissionalmente a algo pelo qual somos apaixonados – e quando, além disso, somos bons no que fazemos.

Não se esqueça de que se não estivermos confortáveis onde trabalhamos, sempre caberá a nós fazer algo a respeito. Gerar mudanças é a primeira missão de um líder.

DIMENSÃO ESPIRITUAL

O bem-estar nessa dimensão reconhece nossa busca de sentido e o propósito da nossa existência humana. Inclui uma crescente apreciação pela extensão da vida e pelas forças naturais que existem no universo. Caracteriza-se por uma convivência pacífica entre sentimentos interiores, emoções pessoais e o caminho pessoal, às vezes acidentado.

Nessa dimensão, como em todas as anteriores, eu pessoalmente me sinto num processo de aprendizagem, de descoberta, e cada vez mais conectado a ela, principalmente nas seguintes definições que compartilharei com você. A primeira é a definição de inteligência espiritual, que, de forma muito simples e prática, Dan Millman, autor do *Guerreiro pacífico*, define como "a habilidade de ser feliz apesar das circunstâncias".

Para complementar essa definição e de forma gráfica, considero apropriado usar a Pirâmide PPF de quem considero um verdadeiro mentor em minha vida profissional, o Dr. François Le Calvez, que não fala sobre um presente perfeito para ser feliz e sim de conseguirmos nos sentir relativamente organizados com nossa vida, somado a um passado que hoje nos mantém tranquilos, em paz, e com um futuro cheio de esperança e trabalhando para que nossos sonhos se transformem em metas e então realidades.

Quando pratico yoga, ouço os professores dizerem durante a prática: "nada me incomoda, nada me perturba", trabalhando em nós para manter a atenção na respiração, apesar do desconforto gerado pela postura corporal. Acho que isso é um exemplo bastante literal e simples do que Dan Millman se referia quando falava em Inteligência Espiritual para ser capaz de sustentar a paz interior apesar das dificuldades. Quando ele esteve no Chile dando um *workshop*, ele nos disse que fazia viagens à Índia para praticar meditação disciplinadamente por semanas e até meses, o que certamente fortalece nossa paz interior. Mas para poder testar essa fortaleza adquirida devemos fazê-lo no nosso dia a dia, como quando estamos presos dentro do carro por quase duas horas no trânsito. Eu pessoalmente acredito que nossa paz interior é reforçada quando nos conectamos com uma força maior, com um propósito maior, com uma satisfação plena de nossa vida por meio da gratidão. Isso nos dá, independentemente de nossa tendência ou preferência religiosa, seja catolicismo, cristianismo, budismo ou outra, a grandeza espiritual da qual precisamos. O denominador comum a ser sustentado em todas estas religiões deve ser alcançar um universo em harmonia, por meio de ações que demonstrem respeito e gentileza entre as pessoas, reconhecimento, aceitação e valorização de todos os seres humanos, até atingir um estado de amor ao próximo, que chegue a ser incondicional, para o qual precisamos de uma gigantesca grandeza espiritual.

E como desenvolvemos nossa dimensão espiritual?

Benjamin Franklin disse que "um caminho de uma milha começa com um primeiro passo". Nesse caso, o primeiro passo é querer fazer algo a respeito. Então vamos praticá-lo com ações cotidianas que se conectam com essa missão essencial que definimos ter na vida.

A repetição sistemática da meditação; a contemplação das coisas; a valorização dos momentos com os outros, tornando-os especiais; a aceitação; o apoio ao próximo; estar ao serviço de outros; a gratidão; a reflexão; e a intenção genuína de contribuir para um mundo melhor nos levarão à conexão e desenvolvimento da dimensão espiritual. Quanto mais praticarmos essas ações, maior a probabilidade de alcançarmos essa felicidade e paz interior que todos almejamos.

Ao falar sobre felicidade e encontrar uma definição para ela, cito a apresentada pela psicóloga e pesquisadora da área, Sonja Lyubomirsky, que a considera uma "experiência de alegria, contentamento ou bem-estar positivo, combinada com um sentimento de que a vida é boa, significativa e valiosa". Essa autora estudou as atividades que deixam as pessoas mais felizes e que compartilham sua positividade. As atividades para gerar uma maior sensação de bem-estar e alegria são doze, entre as quais menciono e destaco "cuidar do seu corpo através de exercícios e alimentação consciente". O interessante, além disso, é que ela apresenta como determinantes da felicidade em 50% o fator genético (personalidade), 10% as circunstâncias da vida (o entorno) e 40% vindo das atividades intencionais (pensamentos e ações positivas). Isso mesmo! Por incrível que pareça, nosso ambiente, as circunstâncias externas, são responsáveis por apenas 10% da nossa felicidade. O que é significativo é o que podemos fazer consciente e intencionalmente para ser mais felizes, diariamente.

É pelo anterior que, de forma didática e divertida, apresento as seguintes ações, publicadas há algum tempo no Twitter de Ignacio Fernández, que podemos realizar diariamente para construir a felicidade e desenvolver nossa dimensão espiritual, como se fosse um verdadeiro ritual. Experimente!

Ritual da felicidade

DIMENSÃO INTELECTUAL

Uma das coisas que mais intrinsecamente motiva o ser humano é descobrir. É ser capaz de aprender e saber como fazer. É precisamente nessa dimensão que devemos dar rédea livre a esse processo; ao aprendizado que nos permite fluir.

No bem-estar intelectual, devemos passar mais tempo procurando interesses pessoais que desafiam nossas habilidades cognitivas, como ler livros, jogar jogos de resolução de problemas matemáticos e fazer atividades cognitivas e divertidas.

Primeiro devemos determinar o que "eu quero" aprender, e depois planejar como incorporar essa nova prática em nossa vida para finalmente colocá-la em ação, seja tocando um instrumento musical, fazendo um novo esporte, aprendendo uma língua que não dominamos e/ou conhecendo lugares com diferentes costumes, entre outros.

Para definir o que "eu quero" aprender, podemos nos conectar com nossos sonhos de quando criança ou jovem, que desapareceram ao longo do tempo, quando enfrentamos maiores responsabilidades ou quando priorizamos outras coisas que fizeram que esses sonhos fossem esquecidos, nos deixando na zona de conforto atual.

Por outro lado, para determinar o que "eu devo" aprender, primeiro temos que descobrir isso; observar além de como estamos acostumados a fazê-lo normalmente, lembrando também de considerar outros olhares e ferramentas para isso: *feedback*.

Um exemplo concreto disso no trabalho seria, por

exemplo, aplicar uma avaliação de liderança em 360°, o que poderia indicar em seus resultados um nível deficiente de escuta ativa para nossos colaboradores ou pares, fato que não considerávamos até então. No entanto, a partir do momento em que estamos abertos a aceitar essa retroalimentação ou outros retornos que nos conscientizem de aspectos pessoais dos quais não éramos conscientes antes, podemos trabalhar para melhorá-los, aprendendo o que precisamos aprender.

Junto com essa vontade de se abrir para aprender, é fundamental estarmos mais atentos em nosso dia a dia aos espaços em que se podem gerar novos aprendizados, já que eles não somente acontecem por meio de uma estrutura formal de estudos (na sala de aula, *workshops*, cursos, especializações etc.); também podemos aprender em uma conversação com alguém de quem antes não imaginávamos que poderíamos aprender.

Tendo claro o que aprender e como, quanto mais horas de prática fazemos do que estamos aprendendo, mais possibilidades teremos para dominar essa ação ou disciplina. Isso não significa que, após um grande volume de horas de prática, nos tornaremos mestres naquilo. Também dependerá da retroalimentação realizada durante o processo e de nossas limitações genéticas. O que posso garantir é que seremos melhores do que antes, teremos nos expandido, desenvolvido e crescido. Além disso, o nível de satisfação gerado pela conquista alcançada nos proporcionará um estado de confiança e motivação para enfrentar maiores desafios e, assim, entrar em um círculo virtuoso de aprendizagem.

Processo de aprendizagem

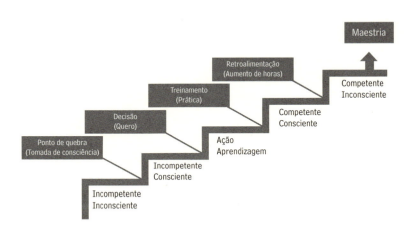

A partir do "eu não sei que não sei", incompetente-inconsciente, acontece o ponto de quebra, avançamos a uma incompetência-consciente, e assim que decidimos que queremos aprender e começamos a praticar entramos na etapa competente-consciente. Quando estamos nesse quarto passo, repetindo tais ações consistentemente e com uma boa retroalimentação, chegaremos ao momento de transparência no estado competente-inconsciente, o que significa que incorporamos um novo hábito.

Como disse Aristóteles: "Somos o que fazemos no dia a dia, de modo que a excelência não é um ato, mas sim um hábito".

DIMENSÃO SOCIAL

No bem-estar social, a pessoa se conscientiza sobre seu potencial na sociedade, bem como o impacto que ela tem em múltiplos ambientes. Seja mais ativo na melhoria do nosso mundo pela promoção de uma vida mais saudável, que naturalmente envolve compartilhar com os outros.

Se olharmos para a pirâmide das necessidades humanas, desenvolvida pelo psicólogo Abraham Maslow na segunda metade do século passado – e ainda em vigor – veremos que na terceira etapa das necessidades humanas aparece o âmbito social. Essa é a necessidade que temos como seres humanos de conectar e compartilhar com outros.

Essa necessidade torna-se tão importante que há pessoas que se limitam às suas necessidades fisiológicas e segurança física quando correm o risco de realizar dietas extremas ou operações invasivas para ter uma figura física que lhes forneça maior aceitação na sociedade.

No entanto, além de ver essa dimensão como uma necessidade, convido você a focar no prazer que compartilhar com os amigos nos proporciona, seja em um *happy hour* gostoso na quinta-feira ou sexta-feira com colegas do escritório, com nosso típico churrasquinho do fim de semana ou com um bom café em a qualquer hora do dia, quando precisamos de uma "pausa" que nos reabasteça para continuar trabalhando efetivamente.

Nesses últimos exemplos, pode ser até que a qualidade dos alimentos envolvidos não seja a mais saudável, mas com moderação e equilíbrio não devem haver problemas.

Compartilhar com os outros com soltura e abertura, ainda mais com pessoas positivas, alegres e que às vezes nos fazem rir alto, pode ser um remédio real para combater o estresse negativo, aumentar a tolerância à dor e melhorar o sistema imunológico. Esses espaços serão muito valiosos se quisermos alcançar ou aumentar nosso desempenho profissional.

Investir tempo nesse espaço social é se conectar e ser como o primeiro grupo de pessoas que Oscar Wilde propõe e não o segundo: "Algumas pessoas causam felicidade para onde vão; outras, quando se vão". Essa dimensão pode ser integrada muito bem com as outras dimensões do bem-estar quando aprendemos conversando com outra pessoa (dimensão intelectual) e nessa mesma conversa sentimos emoções positivas (dimensão emocional) e, portanto, nos sentimos felizes (dimensão espiritual); e se isso ocorrer enquanto caminhamos por um parque, também adicionamos a dimensão física. Ou seja, cinco das seis dimensões que compõem o nosso bem-estar, por meio de uma atividade simples, mas altamente efetiva.

DIMENSÃO FÍSICA

O bem-estar físico é alcançado pela combinação e valorização de bons exercícios e hábitos alimentares. Essa dimensão também implica responsabilidade pessoal diante de doenças menores, sabendo que o atendimento médico profissional é necessário. Caminhando por esse caminho, poderemos reconhecer o corpo, suas limitações e a forma como ele melhora seu desempenho.

A dimensão física e o cuidado com o corpo serão a porta de entrada para gerar a autoconfiança e a autoeficácia que precisamos para continuar avançando nos processos de mudanças e melhorias nas demais dimensões. Isso porque é uma dimensão tangível e visível em termos dos benefícios associados.

O que escrevi até agora está intimamente relacionado a essa dimensão e vamos complementá-la com alguns aspectos que também pertencem a ela e que não foram tratados, como, por exemplo, a alimentação.

Quanto ao estresse e a energia pessoal, que também fazem parte da dimensão física, vou abordá-los com detenção específica no próximo capítulo.

ALIMENTOS

Quando se fala em comida, o que devemos primeiro esclarecer é que não é sinônimo de nutrição e se refere ao ato diário e consciente no qual os seres humanos escolhem, preparam e ingerem certos alimentos que variam dependendo de nossos costumes, onde vivemos, nossos gostos e os recursos que temos.

Usando a palavra nutrição estaríamos nos referindo ao nosso corpo aproveitando as substâncias nutricionais contidas nos alimentos que consumimos para obter a energia necessária para a vida e para as atividades que cada um realiza. Os alimentos fornecem a energia e os nutrientes necessários para se ser saudável. Os nutrientes incluem proteínas, carboidratos, gorduras, vitaminas, minerais e água.

Comer nutritivamente e saudável não é tão difícil. Só é preciso seguir algumas recomendações básicas:

- Consumir uma grande variedade de alimentos, incluindo vegetais, frutas e produtos integrais de grãos.
- Consumir carnes magras, aves, peixes, ervilhas e laticínios com baixo teor de gordura.
- Beber muita água; entre seis e oito copos de água por dia.
- Limitar sal, açúcar, álcool, gorduras saturadas e gorduras trans.
- Uma boa dieta deve ser agradável (sentidos) e equilibrada nos aspectos quantitativos (calorias) e qualitativos (nutrientes essenciais).
- Considere três lanches por dia (a cada três horas aproximadamente), ou seja, pequenas porções entre os pratos principais. Exemplo: um iogurte, uma fruta ou uma barra de cereal.
- Calcule sua necessidade calórica diária considerando o nível de atividade física que você faz. Quanto mais energia você gasta, mais energia precisa ingerir.
- A composição corporal importa muito mais do que o peso corporal. Consequentemente, é importante saber como está a sua, para definir propósitos específicos de melhoria.
- A qualidade da nutrição de uma pessoa normal e um atleta de alto desempenho não deveria variar, com exceção da quantidade.

- Dê a si mesmo alguns minutos extras ao fazer compras para ver a rotulagem de alimentos no supermercado. Boas decisões começam por estar bem informado.

- Mantenha uma dieta saudável pelo menos 80% do tempo e "relaxe" desfrutando de algo saboroso e não tão saudável 20% do tempo restante. Não ao contrário!

Essas recomendações são absolutamente básicas e sempre será melhor visitar um especialista que determine o ideal para cada um de nós.

Você também pode encontrar excelentes recomendações de receitas saudáveis feitas por especialistas e apresentadas de forma muito fácil e amigável no site (em inglês) https://medlineplus.gov/recipes/ que é fornecido pela Biblioteca Nacional de Medicina dos EUA.

Também nos anexos do livro adicionei um questionário desenvolvido por especialistas. Embora não esteja validado como instrumento de pesquisa científica, o resultado lhe dará uma noção de como você vem se alimentando (anexo 2). Pode ser um bom ponto de partida para aumentar sua conscientização sobre sua forma atual de alimentar-se e a partir daí tomar algumas ações que possam melhorá-la.

Outra ajuda complementar para se alimentar melhor são os aplicativos de *smartphones* que existem atualmente, que de forma simples e imediata podem entregar com precisão a composição e as calorias de alguns alimentos, como é o caso do aplicativo "Figwee, explorador de porções".

Não se trata de se tornar uma pessoa obsessiva por comida saudável, pois também faz parte do nosso bem-estar poder desfrutar de uma refeição deliciosa, uma sobremesa delicada ou provar uma taça de vinho tinto; que se for chilena, ainda melhor! Como tudo na vida, o segredo está no equilíbrio, no balanço (calórico, nesse caso), como apresento no seguinte gráfico, que um grande amigo, nutricionista, sempre achou bastante feio. Considero uma forma simples e prática de entender como trabalhamos em termos de consumo calórico e gasto.

Mudança na massa corporal conforme consumo e gasto

Consumo: 3000 kcal

Gasto: 3000 kcal

Sem mudança na massa corporal

Consumo: 4000 kcal

Gasto: 2000 kcal

Aumento na massa corporal

Consumo: 2000 kcal

Gasto: 3000 kcal

Diminuição na massa corporal

De forma complementar, você pode encontrar na web uma série de tabelas que detalham tanto as calorias que a comida tem quanto as que gastamos com certas atividades, como correr, nadar, praticar esportes (vários) e até mesmo ao lavar o carro ou cortar a grama, o que nos permitirá ter uma ideia para equilibrar diariamente o que comemos com o que gastamos.

Para concluir com esse aspecto da dimensão física, é importante considerar que uma dieta pouco saudável combinada com a falta de atividade física pode ter consequências prejudiciais para a sua saúde. Veja a figura a seguir e como nossas artérias podem ser entupidas com gordura (colesterol), bloqueando-as com a formação de coágulos, produto dessa má combinação.

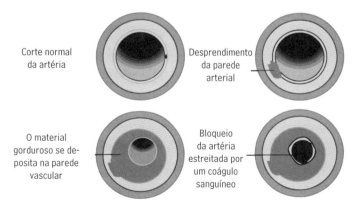

CAPÍTULO 3

O FATOR ESTRESSE - E COMO ADMINISTRAR NOSSA ENERGIA

ESTRESSE

Normalmente associamos o estresse imediatamente a algo negativo e o simples fato de ouvir ou dizer a palavra "estresse" gera um certo desconforto. Embora para muitos seja considerado uma ameaça, o estresse também pode ser o estímulo necessário para adaptações positivas na nossa vida e nas organizações, para desenvolver e também aumentar nosso desempenho.

A questão é ser capaz de diferenciar que tipo de estresse precisamos – e quanto dele.

Vou fazer uma analogia com o músculo, já que, ao treiná-lo, o que fazemos exatamente é levá-lo ao estresse, tirar o músculo do seu estado de descanso, exigir ativação dele e muitas vezes adicionar mais sobrecarga a ele. Acontece que, se aplicarmos a sobrecarga apropriada, vamos estressá-la em níveis ideais para que o músculo sofra microrrupturas, que após um processo de recuperação pelo sono e a alimentação adequada vão se reabastecer maiores e mais fortes. É o chamado processo de anabolismo (natural) que acontece durante a noite quando o hormônio do crescimento está no seu auge. Agora, se exigirmos muito desse mesmo músculo, com sobrecargas extremamente altas, essas microrrupturas podem ser transformadas em ruptura muscular e então teríamos uma lesão grave. Isso é válido para nós como um todo e em qualquer situação diante de um estímulo correto – e na dose certa – podemos nos desenvolver, crescer, ser mais fortes, mais resistentes e estar mais preparados. No entanto, se o esforço extra for desmedido e exagerarmos na quantidade de coisas a fazer em uma lista, poderíamos vir ao chão com muita rapidez.

Então nasce a seguinte pergunta: qual será a dose certa para que eu possa desenvolver e não me estressar (negativamente), de modo que o desafio seja um gerador motivacional e realista em vez de avassalador? Um dos três aspectos fundamentais em relação à pergunta anterior é a autoconsciência. Lembra-se dela no modelo do Goleman? É o primeiro quadrante, que me permite "tomar consciência" de algo sobre mim mesmo. Então há o planejamento, pois isso nos permitirá estar muito bem organizados para cumprir nossas atividades mais importantes, mudando alguns hábitos do negativo para o positivo. Finalmente, dentro desse mesmo planejamento, um espaço fundamental será a recuperação. Conforme apresentado por Jim Loehr, cofundador do Human Performance Institute, a troca de energia (perda e absorção) ocorre diante do estímulo. E a recuperação deve estar em um equilíbrio ideal, físico mental e emocional.

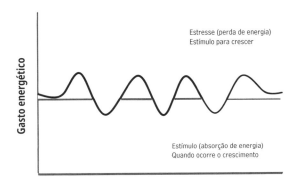

Como definição conceitual, temos que o estresse é "a forma como o organismo responde a qualquer estímulo – bom, ruim, real ou imaginário – que altera seu estado de equilíbrio" (Selye, 1936).

Eu acho que é importante prestar atenção especial à parte que diz "real ou imaginário", já que, embora possamos ter estressores reais, como luz, calor, ruídos e pessoas (irritantes ou agradáveis), entre outros, o simples fato de "imaginar" a possibilidade de ficar sem trabalho pode desencadear reações corporais praticamente idênticas às que aconteceriam se tivesse realmente ocorrido. Trata-se da conexão psicofisiológica do ser humano da qual fala Deepak Chopra. E como bem dramatiza Montaigne: "Minha vida tem estado cheia de desgraça, a maioria das quais nunca realmente aconteceram". Vigiemos nossos pensamentos!

Consequentemente, os agentes estressores podem ser divididos em:

- **Físico:** luz, calor, frio, odores, fumaça, drogas, vírus, bactérias, lesões, radiação e esforço físico.

- **Psicossocial:** morte de uma pessoa próxima, separação, prisão, casamento, aposentadoria, problemas no trabalho, estar desempregado, testes educacionais, férias (uma viagem turística para a Europa, por exemplo) e mudanças de hábitos.

Falaremos então sobre eustress ou estresse positivo (situação favorável ao organismo) e angústia ou estresse negativo (situação prejudicial ao organismo), agudo ou crônico.

Nessa parte, a fim de gerar maior autoconsciência, peço que façam sua lista das coisas e/ou pessoas que lhe geram *distress* (estresse negativo) e aquelas que lhe trazem eustress (estresse positivo).

Com clareza nessas listas, podemos então planejar melhor e administrar melhor o estresse negativo. Ações tão simples como não dirigir com o veículo no horário de pico se soubermos que nos estressamos facilmente com o tráfico – saindo antes ou depois – serão de grande ajuda, além de melhorar nossa capacidade de tolerância, preparando-nos melhor para ele por meio do trabalho de respiração, visualização ou exercícios físicos.

Se sabemos que é bom para nós conversar com algumas pessoas em particular que nos escutam com atenção, que nos apresentam novas possibilidades de enfrentar nossos problemas, nos encorajam e inclusive nos geram uma leve tensão, pois então essas são o tipo de conversas que devemos procurar ter durante a semana.

Recomendações para prevenir ou reverter o estresse negativo: lutar (literalmente); cultivar amigos; ter tempo para si mesmo; dormir e descansar suficientemente, em horários regulares; praticar atividade física regularmente; equilibrar trabalho/

tempo livre; ter uma dieta equilibrada; organizar, priorizar e planejar; ser realista ao definir metas; saber dizer "não" (muito importante); flexibilidade; pensamento positivo; riso; aplicação de técnicas de relaxamento, como relaxamento muscular progressivo; meditação; massagem; treinamento cognitivo comportamental; yoga; tai chi; etc.

É importante considerar que o cumprimento dessas indicações ou algumas delas possivelmente exigirá algumas mudanças em nossos comportamentos habituais, tanto em experimentar fazer coisas novas, como também em deixar de fazer outras.

Recomendação fundamental: ir pouco a pouco gerando as mudanças necessárias. Você não precisa acabar mais estressado do que já está!

Daniel Goleman levanta no gráfico a seguir um Sino de Gauss entre os níveis gerados pelo hormônio do estresse e desempenho, justificando precisamente que necessitamos de certo nível de tal hormônio para subir nosso desempenho, só até um ponto ideal, porque caso contrário entramos em um processo de diminuição do desempenho.

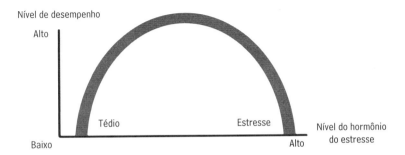

Será essencial, então, que elevemos nossos níveis de consciência sobre nós mesmos ao máximo para estarmos muito atentos para onde estamos na curva de desempenho e estresse. Assim, seremos capazes de tomar as ações mais pertinentes para manter-nos no máximo, na borda superior desse sino. Se você está do lado esquerdo do seu pico, ainda há espaço para adicionar mais algumas coisas na agenda. Caso contrário, comece a "parar de fazer" e solte algumas coisas, mudando as de estresse negativo para positivo. Novamente, o equilíbrio será a chave!

No anexo 3 você pode encontrar um teste criado pelo Departamento de Saúde, Educação e Bem-Estar do Serviço Público de Saúde dos EUA, que mede o quão vulneráveis estamos ao estresse negativo (distress).

ENERGIA PESSOAL

> "A pessoa entusiasmada, dedicada, incrivelmente boa no que faz, não pode passar despercebida."
> **Robin Sharma**

Nossa energia é o recurso mais importante que podemos administrar para ter uma atitude de características semelhantes ao que Robin Sharma expressa na sua frase, que relaciona essa atitude com a de líderes de nível mundial (Classe A) mundiais, independentemente do papel que cumprem, seja no âmbito pessoal, liderando os outros ou em face dos objetivos organizacionais. Daí a pergunta: você está liderando com sua melhor energia?

Lembre-se da frase de Peter Drucker que compartilhei com você no início: "Seu primeiro e mais importante trabalho como líder é tomar conta de sua própria energia e, em seguida, ajudar a orquestrar a energia daqueles ao seu redor".

Uma boa gestão de energia pessoal envolve ter bons indicadores das qualidades físicas; a capacidade de se concentrar intensamente, realizar tarefas mentais complexas e, ao mesmo tempo, descansar nossa mente quando necessário (relaxamento-meditação); a capacidade de acessar e gerenciar uma ampla gama de emoções; e a capacidade de estar em sintonia com nossos valores e propósito de vida na maneira como vivemos dia a dia. É manifestar-se com alegria, entusiasmo e vitalidade; é, como o mestre Benjamin Zander apresenta em sua palestra TED, "fazer os olhos daqueles ao nosso redor brilharem".

E se fôssemos trabalhar todos os dias com aquela energia radiante e positiva, ou melhor ainda, voltar para nossas casas com a mesma energia?

A falta de energia gera lentidão, relutância, falta de comprometimento, baixa concentração, desmotivação e outros aspectos que são elementares para manter altos níveis de eficiência e eficácia – e, portanto, uma ótima produtividade e desempenho organizacional. Um dos fatores que certamente afetam nossa energia pessoal é o nosso bom ou mau sono, o que não está necessariamente relacionado a dormir mais para se sentir melhor e sim dormir o suficiente. Embora existam recomendações que indicam entre sete e nove horas para um adulto, o fundamental será que cada um possa identificar quantas horas precisa para se levantar com boa disposição e energia. Se você está dormindo sete horas, mas lutando com o despertador, cama, lençóis, levando mais de 30 segundos para ficar em pé, então você provavelmente precisa dormir mais.

O fator sono ou recuperação pode ser um fator tão importante para o desempenho. Vou contar uma experiência pessoal, relacionada a uma das minhas viagens de treinamento ao redor do mundo: eu estava em Ciego de Ávila, Cuba, durante minha preparação olímpica e a da equipe cubana de judô. Depois do treinamento da manhã e do almoço, o treinador exigia que todos dormissem por duas horas, para serem capazes de enfrentar em condições ideais o treinamento da tarde, que era naturalmente de alta intensidade e duração. Bem, e como o treinador garantia que todos nós dormíssemos essas duas horas? Ele nos levava para o tatame (área de treino de judô), que estava no ginásio, sentava-se numa cadeira e nos vigiava, garantia que todos nós estivéssemos dormindo ou pelo menos descansando em posição horizontal. Uma ótima recuperação é tremendamente importante para uma alta performance.

Para alcançar e sustentar altos níveis de energia pessoal, devemos identificar quais são essas coisas ou pessoas que consomem nossa energia e aqueles que nos geram ou nos fornecem energia, a fim de tomar ações para buscar se conectar mais com os espaços geradores do que os consumidores.

Acho que todos nós, em alguma oportunidade, compartilhamos alguns momentos com certas pessoas e depois de estar com elas nos sentimos completamente exaustos; se estávamos alegres, acabamos chateados. Naturalmente, a situação oposta também pode ocorrer. Quero dizer: estar com pessoas que nos encorajam, nos animam, e depois de compartilhar com elas continuamos nossas atividades com muito mais entusiasmo.

Convido você a fazer o exercício de dividir uma folha em dois e listar de um lado todas aquelas coisas que geram energia, bem-estar e entusiasmo, e do outro lado tudo que prejudica sua energia. É semelhante ao que fizemos com o estresse negativo e positivo, onde pode acontecer que achem coisas que sejam coincidência.

Exemplos de coisas que podem gerar energia: ouvir nossa música favorita, ler um bom livro, fazer atividade física, conhecer novos lugares, estar em contato com a natureza, sair com amigos, fazer amor com a esposa ou marido, assistir a um filme divertido, ouvir piadas, ver fotos de momentos impensantes, provar uma deliciosa refeição, receber um boa massagem, observar a paisagem do alto de uma montanha, beber água, abraçar, aprender, pintar, tocar instrumentos musicais, cantar... (continue você).

Exemplo de coisas que poderiam nos drenar energia: conflitos no trabalho, viver a mesma rotina dia após dia, desordem no escritório ou armário, não comer bem, não dormir o suficiente, excesso de álcool e/ou drogas, não saber dizer não, incerteza, não pedir ajuda, falta de movimento e atividades... (continue você).

E agora que tem tudo absolutamente identificado, o que você vai fazer com essa informação?

Uma possibilidade é fazer o teste de perfil de energia curta oferecido gratuitamente (em inglês) pelo Johnson & Johnson Human Performance Institute (https://energyprofile.perfprog.com/free/) para definir com que tipo de energia você está mais engajado hoje (física, mental, emocional ou espiritual) e conectá-lo a algumas das ações que você descobriu em nosso inventário que poderia realizar para melhorar essa pontuação no teste. Seria como fazer um breve planejamento específico.

Ter geradores de energia trabalhando nas organizações é uma apólice de seguro para obter ótimos resultados. No próximo capítulo, falaremos justamente sobre a importância da gestão do câmbio e do exercício da liderança.

Tendo concluído o aprofundamento de cada uma das dimensões do bem-estar, vamos ver como julgamos estar em cada uma delas.

No anexo 4, você encontrará um diagrama que lhe permitirá qualificar como se encontra em cada uma das seis dimensões tratadas a partir de sua autopercepção. Convido você a marcar os pontos e depois juntá-los para que possa ver a figura que aparece, considerando que quanto mais equilibrado estiver o diagrama (circular perto de 10), melhor será o seu resultado.

GESTÃO DE MUDANÇAS EM MIM: LIDERANÇA PESSOAL

PARA ONDE ESTAMOS FOCANDO A NOSSA ATENÇÃO QUANDO QUEREMOS TER MELHORES RESULTADOS?

Goleman argumenta que os líderes devem desenvolver dois tipos de foco: o interno, para se conectar com intuições e valores que nos guiam a facilitar a tomada de decisões; e o foco externo, para se conectar com nosso ambiente e o foco nas relações. Sem a conexão com esses focos estaríamos bastante perdidos e seria muito difícil encontrar o equilíbrio para ser mais feliz e produtivo. É por isso que voltaremos à importância do autoconhecimento, aumentando a consciência de onde estamos focando nossa atenção para decidir que ações tomaremos, escolhendo as que nos proporcionam novas possibilidades e melhores resultados por meio da nossa própria gestão.

Quando falamos de autogestão, falamos de atrever-nos a tomar ações para melhorar algo que estávamos fazendo de uma certa maneira e que, realizando certas mudanças, esperamos melhores resultados.

A mudança é considerada precisamente como a ação de passar de uma situação atual (ponto A) para um estado desejado que queremos ou devemos alcançar (ponto B). A diferença entre os dois pontos deve ser preenchida efetivamente e, em muitas oportunidades, após o aprendizado necessário. Cuidar dessa lacuna tomando ações que dependem de cada um de nós é precisamente o emprego da liderança. Esse movimento de A a B pode ser necessário para nossa própria pessoa, para outras, um grupo, ou uma equipe profissional.

Em muitas ocasiões, essa necessidade de mudança é considerada ou tratada como um "problema", e a respectiva atitude acaba sendo resistência. Isso porque a mudança é muitas vezes interpretada como algo que vai tirar o conforto e a tranquilidade a que estamos acostumados: algo "desconhecido" deve ocorrer e não sabemos se estamos dispostos a aceitar ou enfrentar tal situação. "Mas se nós sempre fizemos isso dessa maneira!", "Por que adicionar estresse extra, certo?", "Não, deixe-me assim... não está incomodando ninguém", "Mas estamos bem assim, não estamos?", "O sistema anterior era melhor", "Em um time que está ganhando, não se troca os jogadores". Tenho certeza de que você já ouviu essas frases quando foi proposto algum tipo de mudança. Não é assim? Pelo menos eu as ouvi em várias ocasiões, tanto na família quanto no ambiente de trabalho.

Qual será a razão para isso acontecer? Por que não ceder à mudança, já que a mudança faz parte de nossas vidas? Nosso corpo muda com o passar dos anos: o clima muda, a tecnologia muda, a economia muda. Uma vez me disseram que a única coisa que não muda é a mudança.

Por que o desconforto, então? Do que realmente temos medo? Embora em muitas ocasiões possa ser devido à falta de informação sobre todas as possibilidades e benefícios da mudança a ser feita, que nos motivem a aceitá-la, há uma grande probabilidade de que exista um medo não declarado diante dessa nova situação.

Nelson Mandela disse uma vez: "Aprendi que a coragem não era a ausência de medo, mas o triunfo sobre ela. O corajoso não é aquele que não sente medo, mas aquele que conquista esse medo".

O medo é uma emoção básica do ser humano e é absolutamente natural de experimentar quando enfrentamos situações desconhecidas, sem ver ou saber o que está por vir, ou quando somos invadidos por esse sentimento de que algo podemos perder. Além disso, esse medo inicial pode ser aumentado quando ouvimos outras pessoas que, em vez de nos apoiar, tendem a nos assustar ou desencorajar: nos dizem que o que está por vir poderia ser pior, ou que pode ser perigoso, muito difícil de alcançar, que vamos perder muito, gastar energia e perder tempo, especialmente quando acreditam que é algo impossível de alcançar. Consequentemente, nos tornamos mais inseguros e resistentes à mudança, sendo que realmente precisávamos do apoio, o "empurrão" que nos dá uma coragem maior do que estávamos adicionando para decidir sair da zona de conforto e ousar mudar, deixar de lado velhas crenças, costumes ou hábitos.

É significativo parar e refletir sobre qual é a situação real que nos retém para continuar avançando; perguntar-nos o que não estamos dispostos a perder ou quais as dores que essa nova ação que empreenderemos poderia gerar. Devemos também nos perguntar se há algo que não queremos nos privar, um prazer imediato que não queremos adiar com tal mudança.

Por outro lado, e nessa mesma reflexão, considere também o que deixamos de ganhar ou perdemos por não gerar mudanças, não decidindo continuar avançando.

O medo também pode ser gerado pela falta de confiança que sentimos em nós mesmos, sem acreditar que podemos enfrentar as dificuldades do caminho para chegar ao nosso ponto B, ao ponto desejado ou necessário; nessa situação falamos sobre o medo de falhar.

Na minha vida esportiva competitiva, falhei mais vezes quando não consegui dominar esse medo do fracasso, focando minha atenção nos resultados e nas consequências de ganhar ou perder, em vez de colocar minha atenção na luta e em apenas "fluir". Acabou sendo uma profecia autocumprida.

Em muitas ocasiões, não ousamos experimentar a mudança, priorizando a tranquilidade do momento ou prazer imediato e focando no que podemos ganhar agora. O que não vemos é que quando não ousamos enfrentar esse medo e dar o passo para mudar, perdemos oportunidades: oportunidades para o desenvolvimento pessoal e/ou profissional, para experimentar novas sensações agradáveis ou enriquecedoras, oportunidades de conhecer lugares bonitos, novas pessoas, melhorar nossa qualidade de vida e nosso desempenho, entre muitas outras coisas que poderíamos viver.

Tudo isso pode se aplicar tanto a coisas simples quanto a grandes decisões.

Vou tomar como exemplo o fato de parar de fumar. A incapacidade de fazê-lo reside em não querer perder o prazer imediato que sentimos para fazê-lo junto com a falta de confiança de que podemos lográ-lo, uma vez que é algo que temos feito por muitos anos e é difícil mudá-lo. No entanto, ser capaz de nos privar desse prazer imediato, querer e decidir fazê-lo, demonstra o domínio pessoal e a capacidade de saber adiar a recompensa; neste caso, a grande recompensa é justamente melhorar nossa saúde e aumentar a nossa expectativa de vida.

Essa capacidade de "liderar" é precisamente o que nos permitirá ter sucesso no que nos propúnhamos, pois é uma atitude transferível às diferentes dimensões de nossa vida.

Se o conectarmos com nosso diagrama do *Wellness*, liderar-nos poderia significar tomar ações para desenvolver-nos e projetar-nos em nossa profissão, para melhorar nosso relacionamento, para reconectar-nos com velhos amigos e/ou aprender uma nova língua ou disciplina esportiva, levando-nos a decidir e agir com absoluta consciência de que nossas ações de hoje são o que impactarão nossos resultados do amanhã e podem ser decisivas em nossos sucessos.

É impressionante tudo o que podemos alcançar quando nos lideramos.

> "Se queres mudar o mundo, comece por você."
> **Mahatma Gandhi**

Em certas situações, ousar mudar e aproveitar a oportunidade que surge pode resultar em um período de incômodos, desconforto e dor. No entanto, é importante que mantenhamos a esperança e a convicção de que o esforço empregado nos trará uma grande recompensa. Poderíamos até chegar a considerar depois de um tempo que tal situação foi uma experiência positiva e um aprendizado valioso. Um exemplo simples disso poderia ser iniciar um rigoroso programa de alimentação, no qual sentiremos uma fome considerável por algumas semanas; no entanto, assim que pudermos usar roupas que não podíamos há muito tempo, sentiremos que o esforço feito valeu a pena.

Alguns dos melhores treinadores esportivos consideram que o difícil não é competir, mas treinar; que o desejo que o atleta deve ter de se preparar deve ser superior ao desejo que ele tem de ter sucesso. Dentro desse processo de preparação e treinamento para alcançar grandes resultados, principalmente no esporte, é absolutamente normal passar por momentos desagradáveis e de dor, tanto física quanto emocional. Dentro dessas dores, também os erros, derrotas e fracassos são fundamentais para alcançar o triunfo. Como diz a clássica frase americana, *"No pain, no gain"*. Ou como o treinador cubano que me treinou alguns anos, e por quem tenho muito afeto diz: "Para ver belas paisagens você tem que escalar altas montanhas".

Devemos assumir que o desconforto ou o medo não desapareçam enquanto continuarmos a desafiar-nos, desenvolver-nos, expandir-nos, crescendo e evoluindo.

Também é essencial deixar claro que a coragem empregada para superar nossos medos e seguir em frente deve ser transferida para cometer erros livremente, aceitando-os como parte do processo.

Vejamos nossas mudanças de uma perspectiva que são sinônimo de progresso permanente, com a melhoria de quem somos, fazemos ou temos. Já que, se vamos mudar, que seja para melhorar, certo? Lembre-se do princípio kaizen: "Hoje melhor do que ontem e amanhã melhor do que hoje".

Se considerarmos a liderança em sua essência como uma ação de mudança diante de uma realidade, a primeira liderança que devemos exercer é sobre nossa pessoa. Para isso, precisamos dar um primeiro passo que consiste em poder observar-nos, definir quais são as mudanças que queremos e precisamos gerar, e gerenciar o processo para que elas ocorram tomando ações concretas. Essas duas primeiras etapas obedecem precisamente aos dois quadrantes à esquerda do esquema de Goleman, autoconhecimento e autogestão; é por isso que a inteligência emocional é tão importante na liderança.

Depois desse primeiro domínio, relacionado à nossa pessoa, vem uma próxima etapa, na qual colocamos nossa atenção nos outros, a consciência social que Goleman levanta. Uma vez que estamos cientes do nosso ambiente, tomamos as ações correspondentes à gestão relacional. Dentro dessas ações aparece uma liderança que se integra e cujo propósito será de facilitar o desenvolvimento desse outro ou de um grupo de pessoas, promovendo as condições para que possam liberar seu potencial máximo e nos colocando a serviço delas. Uma boa maneira de entender essa liderança é relacioná-la com a paternidade, quando os pais fornecem o que seja necessário para que essas pessoinhas se tornem adultos de bem, autossuficientes, confiantes e felizes. Um bom líder forma líderes.

Finalmente, um terceiro domínio da liderança aparece quando atuamos como mobilizadores de mudanças para alcançar objetivos comuns estabelecidos dentro de cada organização ou equipe de trabalho.

Integrando estas três dimensões da liderança: pessoal, relacional e organizacional, com um domínio de ida e volta em cada uma delas, podemos falar então de uma Liderança Extraordinária, como a definimos em TGLI Leadership Consulting, detalhado no diagrama a seguir:

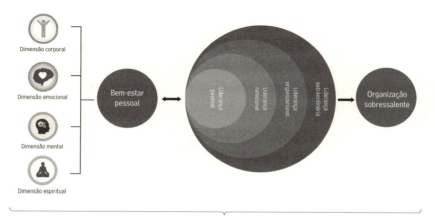

Aprendizagem – adaptação.

Em sequência, vou aprofundar em cada uma das dimensões desse modelo de liderança.

LIDERANÇA PESSOAL

É uma realidade que, como país e além de nossas fronteiras, trabalhamos demais, e uma das coisas que mais nos custa é poder equilibrar o trabalho com a vida pessoal-familiar e as atividades que gostaríamos de poder realizar. Como fazer isso então?

Suponha que gostamos de música e gostaríamos de aprender a tocar um instrumento ou nos aperfeiçoarmos nele. Se realmente quisermos, será o suficiente para tomar a decisão e fazê-la. O poder da decisão está em cada um de nós e é a base na qual construímos nossos sonhos. Esse poder de decisão alimentado pela motivação interior é o que nos colocará em ação para dar os primeiros passos.

Por "primeiros passos" quero dizer quebrar a inércia e tomar ações que são simples o suficiente para colocar a engrenagem em movimento, girando o primeiro dente da peça.

Em relação ao mesmo exemplo anterior, poderíamos começar descobrindo onde se ensinam cursos de música – ou poderíamos conversar com um amigo que sabe e quem tem vontade e disponibilidade para nos ensinar em casa. No último caso, você pode encontrar um tutorial do YouTube que permita descobrir mais sobre o assunto. Como eu disse antes, o importante será colocar a engrenagem em movimento.

Então temos que ver nossa agenda e encontrar um espaço, seja na semana ou em algum momento do fim de semana, entre todas as atividades que já temos. Não esqueçamos o estresse e a curva de desempenho no sino Gauss de Goleman: devemos saber quanto mais adicionar às nossas atividades diárias ou pelo que substituir essa nova atividade. Às vezes será necessário parar de fazer algumas coisas para gerar esse espaço de tempo de que precisamos. Será essencial dar importância a esse novo compromisso com a mesma relevância de outras questões que já estão programadas. Talvez devêssemos dar um passo atrás e ter certeza de que temos uma agenda (física ou virtual) onde possamos organizar nossas atividades semanais, do mês e até anuais. Ter uma agenda é sinônimo de ser organizado e essa é uma característica fundamental dos atletas e executivos de alta performance.

Vou tomar essa mesma possibilidade de não ter uma agenda para me conectar com a liderança pessoal. Ao não ter uma agenda ou não ter registradas todas as nossas atividades e compromissos semanais, tanto no trabalho quanto na vida pessoal, teremos uma menor probabilidade de gerenciar nosso tempo corretamente. Eu tenho uma amiga que diz que o que não está na agenda não existe. A frase típica "eu não tenho tempo" pode desaparecer se administrarmos nosso tempo corretamente por meio de uma agenda.

Essa ação simples de comprar uma agenda e começar a organizar nossas atividades é o comportamento e até mesmo o possível novo hábito que podemos incorporar. Será a nossa "mudança" em algo que precisávamos melhorar, e ao fazê-lo estamos assumindo o comando, usando a liderança pessoal. Parece simples, não é? Lembre-se, "Pequenos passos para grandes conquistas".

No entanto, se não dermos o primeiro passo, se não movermos o primeiro dente da engrenagem, nada vai acontecer. Nesse caso, a primeira coisa então poderia ser ver possibilidades, investigar mais e/ou conversar com pessoas que administram seu tempo muito bem ou que estiveram em uma situação semelhante à nossa. Ver se o que nos convém mais seria uma agenda física ou virtual, a agenda do Outlook, Google, Apps ou alguma outra. A chave será explorar e experimentar até chegarmos a alguma alternativa que nos sirva e até mesmo gostemos, o que torna o processo de mudança menos complexo e se adquire o novo hábito.

Com o simples fato de começar a tomar ações concretas em favor do nosso objetivo, como nos exemplos mencionados anteriormente, nos aproximamos de alcançar o nosso propósito final, e quanto mais vivermos a experiência e nos sentirmos confortáveis com ela, nossa motivação interior, confiança e eficácia aumentarão para que possamos continuar avançando. É um círculo virtuoso.

Lembre-se das situações em que você se sentiu feliz, pleno e satisfeito por ter gostado de uma atividade que você fez, por ter aprendido algo novo. Vamos voltar, se necessário, ao tempo em que aprendemos a andar de bicicleta, nadar ou até mesmo amarrar nossos sapatos. Feche os olhos por alguns segundos e convoque essa imagem (visualização).

Por incrível que pareça, conheço pessoas adultas que não viveram essa experiência que parece tão básica para vários, como saber nadar ou andar de bicicleta. Bem, se algum de vocês é uma dessas pessoas, essa é uma excelente oportunidade para liderar-se e gerar mudança.

Achava demais ver meu filho quando tinha quatro ou cinco anos tentando amarrar seus sapatos sozinho sem querer ajuda e então ver seu rosto de satisfação e orgulho quando ele conseguiu. Considero-o como um daqueles momentos mágicos em que a atenção plena de observar essa situação é inestimável.

Como já comentei anteriormente, uma das coisas que mais motiva o ser humano, criança ou adulto, é o aprendizado. Isso não é diferente no mundo organizacional: pelo contrário, faz parte do que as pessoas estão procurando no trabalho e pode levá-las a melhorar consideravelmente seu desempenho, não apenas pelo aumento do conhecimento técnico para cumprir suas funções de forma mais eficaz no seu trabalho, mas principalmente por causa da resposta emocional gerada por esse aprendizado.

Se nos comprometermos com duas sessões semanais de 40 minutos para aprender algo novo, estaríamos usando apenas 0,8% do tempo total de minutos disponíveis em uma semana – e a coisa mais fascinante é que depois de um ano teremos acumulado quase 70 horas de prática da atividade ou disciplina escolhida, com isso já tendo um domínio maior sobre ela. Dessa forma, nossa autoeficácia e autoconfiança crescerão e nos sentiremos melhor preparados para enfrentar desafios maiores, aumentando o círculo virtuoso de bem-estar e desempenho que eu apresentei a você na introdução deste livro – e que pode ser permanente.

Existe uma frase que usamos de maneira muito habitual e que mencionei algumas linhas atrás e que é uma clara objeção, mais do que um impedimento real. Estou me referindo à típica frase "não tenho tempo".

O tempo sempre será o mesmo: 1440 minutos por dia e 168 horas por semana para fazer tudo o que temos, devemos e queremos fazer. A chave vai estar em como distribuímos esse tempo, como nos organizamos (lembre-se da agenda), como o otimizamos e fazemos o máximo possível sem um desgaste desnecessário. Pense que Michelangelo, Steve Jobs, Bill Gates, Jeff Bezos, Barack Obama, Elon Musk, Richard Branson, Tony Robbins e várias outras pessoas de sucesso têm as mesmas 24 horas ao dia que nós temos. É por essa razão que eu convido você a mudar a frase "eu não tenho tempo" para "eu não separei tempo para isso" (ou aquilo), ou "eu não priorizei", ou "eu escolhi" fazer tal coisa e não outra. Dessa forma, por meio da linguagem nós já geramos uma mudança e assumimos o comando; assumimos a responsabilidade pelo que acontece e abrimos uma possibilidade de torná-lo diferente. Mais uma vez, e nessa oportunidade desde a nossa linguagem, nossa liderança pessoal aparece quando estamos decidindo diferente no cotidiano, aprendendo, ousando. Ali estamos nos desenvolvendo e finalmente evoluindo.

O mais incrível de tudo isso é que com o desenvolvimento pessoal e satisfação que ele nos proporciona, um impacto positivo também é gerado ao nosso redor, uma vez que à medida que nos sentimos melhor sobre nós mesmos, mais positivos, esse estado emocional irradia e infecta os outros. Ainda mais se tivermos uma posição de liderança formal no trabalho, onde somos a cara visível e representativa da empresa. Vimos isso quando mencionei as estatísticas de D. Fischman em seus estudos sobre liderança e o impacto dos chefes nas decisões de seus trabalhadores. Para verificar isso imediatamente, lembre-se de uma dessas duas frases que tenho certeza de que você já ouviu: "Uuuh, o chefe veio de mau humor hoje!" ou "Ei, você viu como o chefe está feliz?".

A situação citada também pode acontecer também quando chegarmos em casa... chegar feliz, radiante ou, pelo contrário, amuado e maçante. Qual será o melhor estado emocional para relacionar-nos com os nossos entes queridos? O que queremos transmitir a eles? Quanto mais atividades de prazer pessoal temos, incluindo o trabalho, quando nos entregamos física e mentalmente à situação, desdobrando todas as nossas capacidades, melhor nos sentimos sobre nós mesmos. É o estado que vimos na dimensão ocupacional, chamado *Flow* pelo psicólogo

Mihaly Csikszentmihalyi, quando nossas altas capacidades se alinham com altos desafios. Esse estado também pode ocorrer em nossas atividades de lazer, aumentando essa felicidade interior que emerge em direção ao nosso ambiente.

De acordo com Anthony Robbins, há três decisões que são tomadas em cada momento da vida e que são decisivas em nosso destino. Essas três decisões afetam o que sentiremos, daremos, a contribuição que faremos e, finalmente, quem nos tornaremos. Quando controlarmos essas três decisões começaremos a esculpir nossa própria existência. Essas três decisões são:

- Nossas decisões sobre onde focar a atenção.
- Nossas decisões sobre o que as coisas significam para nós.
- Nossas decisões sobre o que fazer para chegar aos resultados que queremos alcançar.

Como vimos até agora, quando Robbins fala sobre onde focar nossa atenção, poderíamos pensar nisso como um sinônimo do que faremos com nosso tempo disponível, com aqueles 1440 minutos ao dia. Quando ele fala sobre o que as coisas significam para nós, fala sobre ter clareza do que queremos fazer e ser, de nossas prioridades, valores e sonhos que queremos alcançar. Por último, quanto ao que fazer, refere-se às ações concretas que nos levarão a cumprir nosso propósito, como vimos com o exemplo de aprender a tocar um instrumento musical ou usar uma agenda.

Relacionado com o anterior, Stephen Covey, em um de seus muitos vídeos educativos baseados no livro *Os 7 hábitos das pessoas altamente eficazes*, apresenta uma analogia prática entre pedras grandes e pequenas que podemos colocar dentro de um balde, representando por pedras grandes todas as coisas que são importantes para nós: família, saúde, lazer, amigos, continuar aprendendo, trabalhando, projeções, etc.

As pedras pequenas para pôr no balde representarão coisas que temos que fazer que são menores, mas que preenchem nosso dia, como e-mails, telefonemas, navegar na web pelos mesmos motivos, transferências, reuniões (às vezes muitas e ineficazes), etc. Se enchermos o recipiente com pedras grandes primeiro e depois colocarmos as pequenas, elas acabarão se acomodando. Caso contrário, as grandes não serão mais capazes de entrar, se preencher o balde primeiro com as pequenas. Não deixe de assistir a este vídeo, se bem antigo, é atemporal. Está no YouTube (https://www.youtube.com/watch?v=5o7xlALI0zo). E então defina quais são suas pedras pequenas e as grandes que não podem faltar de forma alguma em seus recipientes (baldes).

Dentro do processo de liderança pessoal, juntamente com a definição "que", devemos separar tempo para definir o "como" vamos alcançar o que queremos alcançar; determinar o que precisamos para alcançar o que queremos. Por isso, o planejamento se torna um elemento fundamental para a realização dos resultados, para alcançar os objetivos propostos, pois será o mapa de rotas que indicará qual caminho tomar para chegar ao destino.

Um modelo de planejamento que considero bastante simples e eficaz é o modelo SMART que, por meio de sua sigla em inglês, propõe estabelecer metas específicas, mensuráveis, de ações concretas, realistas e com tempos definidos. Veja o quadrante a seguir:

Planificação SMART

S - eSpecífico	Descrever em detalhe e de maneira concreta o que deseja lograr.
M - Mensurável	Escrever de uma maneira que seja claramente medível. Quantificável.
A - Ações	Com ações concretas, escritas e aceitas por você – e não por outras pessoas.
R - Realista	Em concordância com suas habilidades e capacidades e que ao mesmo tempo seja desafiante.
T - Tempo	Com datas limite predeterminadas para o logro das metas e submetas estabelecidas.

É importante considerar que o modelo SMART também é às vezes apresentado com a letra A relacionada ao conceito de alcançável e a R de relevante. Podem utilizá-lo da maneira que mais lhe convenha.

Se retomarmos o objetivo de aprender a tocar um instrumento musical usando o modelo SMART para nossa primeira semana, poderia ser assim: na próxima terça-feira as 19:30 horas (horário definido); ao voltar do trabalho, antes de chegar em casa (realista), vou parar na academia de música que está no caminho (ações concretas) para perguntar sobre as aulas de piano (específicas). O "mensurável" fica pendente nesse caso, provavelmente para quando comecemos com nosso programa de aula, no qual podemos começar a "medir" os minutos da prática e nossa frequência semanal de atendimento, ou o nosso progresso.

O próximo objetivo correspondente à semana subsequente poderia ser: vou me inscrever (ações concretas) no curso básico de piano (realista e específico) para assistir às aulas às terças e quintas-feiras, das 20 às 21 horas (tempo definido e mensurável).

E assim por diante, até que os avanços obtidos em cada uma das sessões sejam tanto o motor para seguir em frente como a motivação e o que gerará a confiança necessária para aumentar o nível do desafio, participando, por exemplo, de uma apresentação onde tocarão todos os estudantes diante de um público desconhecido.

Aqui estão outros exemplos SMART relacionados diretamente com as dimensões do *Wellness* para aumentar seu desempenho:

- **Exemplo 1:** para melhorar minha tolerância ao estresse, às segundas, quartas e sextas-feiras, ao meio-dia, de 26 de junho a 24 de julho, usarei um aplicativo de meditação por cinco minutos. Dessa forma, me sentirei mais renovado para me concentrar nas tarefas complexas.

- **Exemplo 2:** para me nutrir adequadamente e ter boa energia, levarei um lanche saudável para o trabalho (barra de cereal ou iogurte ou fruta) para comer no meio da manhã (10:30) durante todo o mês de julho, de segunda a quinta-feira. Assim não vou comer demais na hora do almoço e estarei mais acordado na oficina durante a tarde.

- **Exemplo 3:** para ficar conectado com as pessoas que amo, todas as quintas-feiras da segunda e quarta semana do mês, entre 14 e 15:30 horas, até o mês de novembro, vou almoçar com diferentes amigos e aproveitar o momento. Para isso, sempre coordenarei esses almoços nas segundas de manhã.

- **Exemplo 4:** monte o seu...

Finalmente, quando aprendemos algo novo e o incorporamos, expandimos nossa zona de domínio e aumentamos nossa caixa de ferramentas, como se propõe no vídeo Inknowation "Ouse sonhar" (https://www.youtube.com/watch?v=4LziPGOznEY). Expandindo nossa zona de conforto, mudamos, crescemos e nos desenvolvemos.

Na minha experiência como atleta olímpico e *coach* profissional, o que posso dizer sobre liderança pessoal é que todas as etapas relacionadas ao exercício dessa liderança são extremamente importantes e exigem dedicação. Conseguir a mudança esperada requer conscientização, decisão, planejamento, prática e perseverança, como veremos de forma gráfica e resumida num diagrama que tenho separado para você no final deste livro, nas conclusões. Por enquanto, continuarei desenvolvendo o conceito de planejamento e sua importância.

Quando não temos um GPS para chegar ao nosso destino, provavelmente chegaremos de igual modo, já que como dizem "perguntando você pode chegar a Roma". A questão é que certamente cometeremos um maior número de erros; talvez tomemos outros caminhos, erremos a entrada e devamos retornar;

finalmente, acabaremos usando mais tempo e, portanto, seremos menos eficientes e eficazes.

Ao ter o GPS, a rota já está traçada e cada um dos trajetos que devemos percorrer estão devidamente indicados, justamente para evitar erros e riscos, o que finalmente nos fará chegar ao nosso destino de forma mais rápida e segura. Ou seja, o GPS nos faz minimizar erros e, mesmo que haja algum, ele rapidamente encontra alternativas para chegar lá, o que nos proporciona – como no planejamento – a eficiência e eficácia fundamentais para uma alta performance.

Deve-se notar que esse planejamento e as metas estabelecidas nele se aplicam a qualquer uma das seis dimensões do bem-estar em que definimos o trabalho e melhoramos. Por sua vez, os efeitos positivos percebidos com o alcance desse objetivo também terão impacto positivo em outras dimensões, melhorando assim nosso bem-estar pessoal de forma integral.

Basta pensar no exemplo de aprender a tocar piano: essa realização nos permitirá sentir mais felicidade (dimensão emocional), conhecer outras pessoas (dimensão social), estimular nosso cérebro (dimensão intelectual), praticar a atenção plena, conectando-se com a música, com a gratidão e tranquilidade (dimensão espiritual), e até mesmo chegar mais disposto e entusiasmado ao trabalho pelos efeitos mencionados (dimensão ocupacional).

Isso também vai acontecer se começarmos a correr, já que com 30 minutos dessa prática por dia melhoramos nosso sistema cardiocirculatório (dimensão física), nos sentimos mais entusiasmados e dispostos (dimensão emocional), podemos conhecer outras pessoas fazendo parte de um grupo de corrida (dimensão social), estimulamos a ação de neurotransmissores que melhoram a aprendizagem (dimensão intelectual), praticamos a atenção plena e a paz interior (dimensão espiritual) e chegamos com uma maior demonstração de energia para trabalhar (dimensão ocupacional).

Junto ao planejamento, não podemos deixar de lado a disciplina, já que sem ela você não pode colocar em ação o que está planejado no papel. Essa disciplina é impulsionada pela motivação, pela energia interior que nos move, que externaliza nossos desejos de querer alcançar um objetivo, nosso propósito.

Integrando o exposto, planejamento + disciplina + motivação, me faz muito sentido a definição de liderança que afirma "fazer o que corresponde mesmo quando ninguém está te olhando" – isso me lembra das sessões de treinamento que fazia no Japão às cinco da manhã, sem meu preparador físico, treinador, delegados, família ou qualquer outra pessoa com quem eu "deveria" cumprir ou que estava lá para me apoiar, para me motivar. Sempre cumpri meu planejamento e treinamento diário com meu propósito de ser um melhor judoca, de me aperfeiçoar, de ter sucesso na minha disciplina esportiva. Embora essa situação tenha sido gerada porque em 80% das vezes os recursos econômicos não eram suficientes para viajar com meu treinador, o que deveria ter acontecido, isso veio a aumentar minha perseverança e força de vontade. Fiz o que tinha que ser feito: treinar dia após dia para chegar à qualificação olímpica. Essa foi uma meta que durou mais três anos, já que nesse período os pontos são somados para poder estar presente nos jogos no quarto ano, neste grande evento esportivo, os Jogos Olímpicos, onde no caso específico do judô apenas os 32 melhores judocas do mundo participam.

Assim como li recentemente, "para sermos felizes devemos ser disciplinados", essa é uma qualidade que depende de cada um de nós e que se mantém viva se temos em mente a nossa meta a alcançar, o nosso sonho.

LIDERANÇA RELACIONAL

Integrar os outros nesse processo de desenvolvimento, estar a seu serviço para que essa pessoa floresça e coloque todo o seu potencial em ação, sendo tudo o que pode ser, significa uma oportunidade real para colocar nossa liderança em ação. Facilitar apoiando e orientando uma pessoa nesse processo é, para mim, sem dúvida um dos maiores legados que podemos deixar neste mundo – e, além disso, o retorno emocional que volta a nós é gigantesco.

Como Benjamin Zander disse em seu magistral TED Talk, em sua vida veio a descoberta de que sua tarefa como diretor de orquestra e ser humano é despertar possibilidades nos outros. Ele diz que o poder de um líder depende de sua habilidade de tornar os outros poderosos. Para descobrir se ele está tendo sucesso, ele começou a medi-lo olhando nos olhos daqueles ao seu redor. Se seus olhos estão brilhando, ele sabe que está indo bem. Em sua palestra, ele faz uma pergunta que pelo menos me deixou refletindo por um bom tempo: "Quem estou sendo que os olhos dos meus músicos não brilham? Quem estou sendo que os olhos dos meus filhos não estão brilhando? Podemos mudar o mundo, ou nosso ambiente, se fizermos os olhos daqueles ao nosso redor brilharem. Conseguimos isso garantindo que nossa energia pessoal esteja completa, transbordando, para então poder compartilhá-lo com aqueles que temos por perto, seja em casa, no trabalho ou em outro espaço. Tudo que foi visto na primeira dimensão da liderança, a pessoal, também será colocado em ação nesta segunda dimensão quando integrarmos os outros".

Para me aproximar dessa dimensão de liderança vou citar três situações de vida que eu acho que podem demonstrar com grande propriedade que esse tipo de liderança é real, eficaz e que certamente todos nós passamos por alguma experiência a serviço de alguém ou recebendo esse presente.

A primeira experiência a compartilhar é a paternidade. É quando o sono, a alimentação, o tempo livre e as despesas, entre muitas outras coisas pessoais, passam a um segundo plano, pois temos essas "pessoinhas", indefesas e inocentes, que precisam de nós, a quem nos colocamos inteiramente ao seu serviço, cuidando delas, acompanhando-as, guiando-as, apoiando-as, até o momento em que elas possam ser autossuficientes física, intelectual, emocional e financeiramente. É um longo caminho que testa muitas de nossas habilidades pessoais e habilidades para cumprir essa tarefa de formar seres humanos com coragem, com confiança, sociáveis, empáticos, com propósitos claros de vida – e o mais importante, felizes.

Pessoalmente, me sinto abençoado por ter dois meninos extraordinários que agiram como facilitadores naturais e inconscientes da minha liderança e gestão emocional, principalmente no que diz respeito à temperança. Graças a eles eu posso aprender e crescer todos os dias.

Aqueles que estão ou estiveram nesse ponto da vida entendem perfeitamente o que estou falando. Aqueles que não são pais, tentem lembrar dos cuidados e ensinamentos que receberam na infância, às vezes nem mesmo de seus pais biológicos, mas talvez de um avô, um irmão, uma tia ou um professor que se entregou corpo e alma à sua educação, a seu desenvolvimento da infância à idade adulta. Certamente lembram dessas pessoas com carinho e gratidão.

A segunda situação a ser compartilhada está ligada a uma formação acadêmica que requer muita vocação no meu país (Chile) e na América Latina, já que infelizmente é uma das profissões mais mal remuneradas de todas. Portanto, decidir dedicar-se a ela traz consigo uma grande convicção de querer contribuir com nossa sociedade, sabendo que não haverá uma grande recompensa econômica de alto nível. Sem dúvida, sim uma grande remuneração emocional! Estou me referindo à profissão da pedagogia, ser professor.

Nessa profissão, o objetivo é dedicar a vida à educação, ao desenvolvimento e formação dos outros. Não só uma dúzia de pessoas, já que, na soma dos anos, milhares de alunos podem passar pela vida de um professor.

São profissionais muito corajosos. Como ouvi uma vez de um deles, estudaram pedagogia para fazer a diferença no mundo; para trazer mudanças substanciais de uma forma em que ainda é possível fazê-lo. Na idade adulta, às vezes pode ser tarde demais... Ou não!

Por favor, não confunda essa profissão com o simples fato de transmitir informação, pois, se fosse assim, com a quantidade de informação que temos disponível hoje os professores não seriam necessários. Seria suficiente ter um computador para cada pessoa que precisa estudar e seria tudo. Portanto, hoje, mais do que nunca, quando falo em "educar" estou falando de uma formação integral e uma conexão emocional entre os seres humanos, sejam eles crianças, jovens ou adultos. Ensinando conhecemos cada um deles com seus respectivos pontos fortes e fracos, e os ajudamos para que cada um deles desenvolva seus talentos naturais ao máximo, motivando-os e desafiando-os nesse processo. O tipo de professor que menciono é o mentor que Ken Robinson aborda em seu livro *O elemento*, quando ele diz que os mentores normalmente desempenham alguns dos quatro papéis a seguir, se não todos: eles reconhecem, estimulam, facilitam e exigem.

Nesse tipo de liderança, nossa motivação pessoal será transferida para outros, acendendo a chama interna que cada um de nossos alunos tem, estressando-os positivamente e ajudando-os a colocar todo o seu potencial em ação. Devemos alcançar sua motivação intrínseca e inspirá-los com nossas ações, com nossas palavras, com a conexão que geramos e com o tempo e dedicação que lhes damos.

Quem não teve um professor assim, que ainda é lembrado com carinho por tudo que fez por nós? E, se não, quem não gostaria de ter tido um profissional que nos despertasse um interesse particular, que nos mostrasse um caminho a seguir ou novas possibilidades, que concedesse segundas chances? Alguém que às vezes fosse muito duro e outras vezes muito próximo; alguém que, se não tivesse aparecido em nossas vidas, talvez não fosse possível ser quem somos hoje.

É uma pena o valor (econômico) atribuído pela sociedade a esse profissional, que está muito distante de ser equivalente à importância que ele cumpre em seu papel de formador do futuro da nação.

Por sua vez, também é uma pena ver os jovens estudando essa carreira sem que ela seja realmente o que eles querem ser e fazer. Em certas ocasiões, eles simplesmente o fazem porque lhes permitiu entrar na faculdade, sendo de baixa demanda, permitindo que estudassem essa profissão, outro dos problemas gerados pela baixa importância atribuída à pedagogia no Chile.

Embora dentro do processo educacional tradicional eu lamente não me lembrar de ter professores que lideravam a partir de uma posição de "estar a serviço do meu desenvolvimento" com a paixão e dedicação que lhes comento, tive muita sorte com meus mestres de judô. Eles, com seu apoio incondicional e equilíbrio justo de afeto e firmeza, foram responsáveis, junto aos meus pais, pela minha formação como pessoa, meus resultados competitivos e a geração de uma bela amizade que dura até hoje.

Poderia mencionar muitos exemplos de situações vividas com eles ao longo da minha carreira esportiva, já que foi um caminho percorrido por 20 anos. No entanto, tomarei apenas um deles, o que considero muito representativo do que quero dizer com "estar a serviço do desenvolvimento dos outros".

Estávamos em um Mundial Open em Paris e, dados os escassos recursos que tínhamos nessa e em várias outras ocasiões, dividimos um quarto com meu treinador. Acontece que esse treinador em particular roncava tanto que eu não conseguia dormir, o que afetaria consideravelmente o meu desempenho no torneio no dia seguinte. É por isso que essa admirável pessoa, de reconhecido prestígio internacional, tanto como treinador quanto atleta – porque era medalhista olímpico – pegou a colcha de sua cama e a arrastou para o corredor ao lado do banheiro para se deitar e fechar a porta, de tal forma a isolar um pouco o barulho do seu ronco, permitindo que eu pudesse descansar adequadamente para competir no dia seguinte.

Acho que não preciso de mais exemplos para mostrar o que quero dizer com "estar a serviço de outros" certo?

Naturalmente será muito difícil exercer a liderança a serviço dos outros se nossa liderança pessoal não for suficientemente desenvolvida ou se não deixarmos nosso ego de lado e nos conectarmos com humildade, com a horizontalidade que temos com outros seres humanos.

No esporte de alta competição há uma analogia que se enquadra muito bem com atletas bem-sucedidos e cheios de triunfos para se conectar com a humildade. Que eles se comparem aos galhos de uma árvore cheia de frutos. Quanto mais medalhas eles têm no corpo, mais curvados devem estar fazendo uma reverência como o galho da árvore, um arco gentil com seu corpo. Também é uma analogia absolutamente válida para profissionais de sucesso. Difícil ou não? Para manter algum controle do nosso ego, acredito que, embora possamos dizer que somos bons, devemos sempre ter em mente que podemos ser melhores do que dizemos que somos.

Precisaremos de maestria pessoal, principalmente de nossa inteligência emocional (da autoconsciência à autogestão) para podermos nos relacionar otimamente com os outros. Ao mesmo tempo, ao colocar os outros em primeiro lugar acaba se tornando numa maneira de fazer mudanças pessoais e, assim, melhorar nossa liderança pessoal. É um caminho de ida e volta em ambas as dimensões da liderança.

Como diz Simon Sinek, palestrante TED e autor do clássico *Start With Why* e do livro *Leaders Eat Last*, para transformar-nos em líderes organizacionais devemos focar mais nas pessoas e menos nos números, transferindo as competências de como levamos nossa família como pais, para as empresas.

Finalmente, para dar um encerramento a essa dimensão da liderança, que coloca precisamente o foco da atenção no outro, compartilho a definição apresentada no livro *O líder interior*, de S. Covey: "A liderança consiste em comunicar os méritos e possibilidades dos outros de uma forma tão clara que eles se sentem inspirados a percebê-los por si mesmos".

São autores diferentes que convergem sua visão de liderança no atendimento aos outros, comprometidos em garantir seu bem-estar. Isso acontece quando temos nossa liderança pessoal suficientemente desenvolvida. Naturalmente, essa entrega proporcionará tal compromisso por parte daqueles que atendemos, que a mobilização em conjunto será facilitada para o cumprimento dos grandes propósitos organizacionais, que serão a próxima dimensão do líder a ser tratada. Em uma frase: olhos brilhantes! Faça os olhos daqueles ao seu redor brilharem!

LIDERANÇA ORGANIZACIONAL OU ESTRATÉGICA

Uma vez que já estamos prontos e em domínio de agir e gerar as mudanças que vemos necessárias para incorporar em nós mesmos e agora que também estamos dispostos e contribuindo para o desenvolvimento e crescimento dos outros, acho que estamos mais preparados para enfrentar decisões organizacionais e liderar efetivamente nessa dimensão. Quero dizer, mobilizar um grupo de pessoas para cumprir propósitos organizacionais, gerando engajamento dos funcionários e tornando os objetivos da organização seus próprios.

Para que isso aconteça, basta adotar estilos básicos de liderança que estejam de acordo com situações concretas e específicas, como as apresentadas no modelo de P. Hersey e K. Blanchard, acadêmicos do Centro de Estudos de Liderança:

- **Diretor:** dá ordens específicas e acompanha de perto a realização das tarefas.

- **Instrutor:** comanda e controla o cumprimento da tarefa, explica suas decisões, pede sugestões e incentiva o progresso.

- **Apoiador:** facilita e apoia os esforços dos colaboradores para cumprir tarefas e compartilha com eles a responsabilidade pela tomada de decisão.

- **Delegado:** coloca nas mãos dos funcionários tudo o que eles dizem em relação à tomada de decisões e resolução de problemas.

Esses estilos não funcionam de maneira permanente e absoluta, mas correspondem à necessidade predominante. Além disso, para fazer uso de qualquer um desses estilos efetivamente precisamos ter um alto nível de consciência do ambiente no qual trabalhamos, em que estágio profissional estão nossos colegas, e, em seguida, recorrer às habilidades que temos para gerenciá-los melhor. Isso inclui facilitar o desenvolvimento de seguidores (liderança relacional) por meio de uma orientação a relacionamentos pessoais que permitam conhecer as pessoas e gerar laços confiáveis, para então ser capaz de aplicar um estilo como o delegado. A confiança relacionada a esse estilo será de grande eficiência para uma gestão ideal do respectivo gerente ou chefe, pois sua energia pessoal estará cada vez mais bem canalizada. Sem focar nas relações pessoais, é muito provável que o líder formal (chefe) tenha que recorrer à sua autoridade hierárquica delegada, ao poder formal que lhe foi concedido, para mobilizar seus colaboradores a alcançar os objetivos sem atingir o compromisso natural destes.

Outra possibilidade de gerar o nível de comprometimento que buscamos é começar com a disposição de estar no ápice invertido da pirâmide, sendo responsável por sustentar e fornecer o suporte necessário a toda a equipe, como proposto neste diagrama por James Hunter em seu livro *O paradoxo*:

A pirâmide invertida

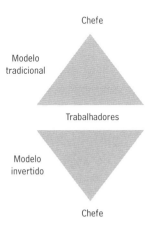

Não podemos nos esquecer de que no nível organizacional não basta somente gerar apoio, proximidade e bom ambiente como chefe para ser um bom líder. Também é necessário liderar com firmeza, especialmente quando se trata de cumprir metas e o papel que foi dado a esse líder. Como explica Ignacio Fernández no diagrama a seguir, adotar um estilo de gestão próximo, mas firme ao mesmo tempo é o que nos permitirá formar boas equipes de trabalho. Com esse equilíbrio, poderemos usar a tensão necessária para mobilizar nossa equipe. É como a corda de uma raquete de tênis: se estiver muito tensa, a corda será cortada. Por outro lado, se estiver muito solta, o golpe com a bola não vai sair com precisão.

Liderança Firme e Próxima

	Baixa proximidade	Alta proximidade
Alta firmeza	Gestor de tarefas	Gestor de equipes
Baixa firmeza	Gestor de nada	Gestor de Spa

Modelo de Ignacio Fernández.

O desenvolvimento dessa proximidade é gerado com ações diárias que devemos sustentar ao longo do tempo. Para isso, recorreremos novamente ao modelo da inteligência emocional apresentada no início deste livro, quando falamos de gestão emocional. Para isso, devemos estar atentos a nós mesmos e como estamos nos relacionando com os outros para em seguida assumir o controle da realidade atual e melhorar essa gestão.

Se pensarmos na comunicação, a escuta é um fator determinante à qual pouca atenção é dada, apesar do fato de que anatomicamente somos obrigados a ouvir o dobro do que falamos (duas orelhas/uma boca). No entanto, na realidade torna-se realmente difícil, dados todos os pensamentos simultâneos que temos em nossa cabeça (preocupações) e elementos tecnológicos que temos em mãos, entregar-nos completamente a um momento de escuta com atenção plena e fazê-lo ativamente, com real interesse no que a outra pessoa nos manifesta.

Acontece que escutando a outra pessoa por meio da indagação, realmente entendendo o que ela pensa e precisa, podemos conhecê-la mais e criar uma conexão melhor, gerando o vínculo e a confiança necessários para trabalhar em equipe.

Uma vez resolvido o escutar por meio da indagação (perguntas), podemos continuar propondo ou perguntando, esperando que a outra pessoa também ouça o que temos a dizer.

Esse ato de compartilhar informações, coordenar-se, aprofundar a conexão e até mesmo gerar compromissos é o que nos permitirá funcionar em sincronia, com objetivos comuns e superiores aos objetivos individuais que podemos ter. Assim, começaremos a forjar as bases nas quais a equipe se sustentará.

Como propõe S. Covey entre os princípios e/ou hábitos de pessoas altamente eficazes, nas relações interpessoais devemos pensar em compreender antes de sermos compreendidos, formar acordos ganhar-ganhar e gerar sinergia.

Quando, como líderes, temos as competências anteriormente mencionadas e as praticamos, comunicando uma visão inspiradora e também às vezes construindo metas junto com a equipe, geramos esse interesse e intenção natural de cada pessoa de querer fazer parte da equipe, com alto comprometimento ou engajamento, alcançando assim os resultados que a organização espera.

O propósito compartilhado pela equipe será fundamental inclusive no esporte individual, no qual pode parecer que estamos sozinhos, mas que não seria possível sem o apoio de outros. No meu caso, praticando judô, um esporte individual de confronto, se eu não tivesse o apoio de uma equipe profissional multidisciplinar, não teria alcançado os resultados positivos que tive. Treinador, preparador físico, psicólogo esportivo, nutricionista, fisioterapeuta, médico, massagista, *uke* (parceiro de treinamento de judô), patrocinadores e família; todos eles tinham um propósito comum que, durante dois ciclos olímpicos, foi brindar-me o apoio que eu precisava, estando ao meu serviço a partir de seu papel e experiência para estar no meu melhor e assim enfrentar os meus competidores em condições de excelência.

No caso das empresas, caberá aos líderes formais de cada área ou departamento inspirar todos os membros com a visão declarada, seja de toda a empresa ou de cada área ou departamento. O líder é quem vai definir o tom da cultura predominante na equipe. Como uma anedota relacionada, temos o caso dos trabalhadores da mesma construção, que desempenham a mesma função e que podem pensar que o que eles estão fazendo é juntar tijolos, enquanto outros pensam que constroem uma grande parede e outros que estão erguendo o maior e mais importante edifício de sua cidade. Eles se encontram fazendo a mesma coisa, mas conectados com diferentes propósitos, o que está diretamente ligado ao estado motivacional de como eles fazem o que fazem. Não é o mesmo sentir que estamos juntando tijolos ou sentir que somos parte de uma construção que será um ícone em nossa cidade. Todos os projetos podem ter sua importância e charme para poder transmiti-lo às equipes de trabalho, reconhecendo a importância que cada um deles tem para o sucesso do projeto.

Ao ler sobre o Cirque du Soleil, me chamou a atenção que há uma pessoa responsável pelos parafusos que seguram a malha ou os cabos de segurança dos artistas, assegurando-se que estão bem colocados e em perfeitas condições, para proteger os artistas e dar-lhes a tranquilidade que precisam para se lançarem de uma grande altura com total confiança de que sua vida não estará em risco. O papel dessa pessoa, portanto, é essencial para a magia do espetáculo, embora não seja ela quem esteja na frente do público para receber os aplausos. Isso aconteceu comigo como atleta quando toda a equipe profissional da qual falei não subiu ao pódio para receber a medalha; no entanto, eles fizeram parte de cada conquista.

Valorizar, agradecer e reconhecer o trabalho de cada uma dessas pessoas também é uma das ações fundamentais de um bom líder e de tal forma alimentará a motivação que essas pessoas têm para fazer seu trabalho.

Outro fator de grande relevância na formação de uma equipe é que ela tenha uma identidade baseada nos pontos fortes, valores e desejos de seus membros. Podemos até dizer que uma certa mística própria é construída.

Lembro que a equipe de judô da academia que me formou

no Brasil, na cidade de Campinas, a Germanos, tinha um selo que foi reconhecido e destacado por todos: éramos os enérgicos, lutadores e aguerridos. Não éramos os mais técnicos, como os da Nipo Murayama, nem os mais corretos e arrumadinhos, como os Borges. Cada academia tinha sua identidade, incluindo um emblema, baseado na força e características de seus membros, que se orgulhavam de representá-los e, assim, transferi-lo para cada nova pessoa que entrasse na equipe.

Essa identidade que gera mística e sinergia positiva, especialmente no esporte, como o haka dos All Blacks no rúgbi, que representa paixão e vigor, também pode ser implementada nas empresas. Será o que durará ao longo do tempo, independente da mudança (rotação) de seus membros, e estará presente como base sólida para enfrentar as dificuldades, facilitando o vínculo da equipe e o cuidado mútuo, fazendo prevalecer os benefícios de todos os indivíduos. Fará parte da cultura das empresas, como disse Peter Drucker: "a cultura come a estratégia no café da manhã". Sempre será o mais importante dentro de uma organização.

Na minha experiência trabalhando como *coach* de organizações, uma das atividades que faço nos diferentes departamentos, sejam eles administrativos ou comerciais, é a preparação de seu "escudo ou emblema". É uma atividade simples, extraída das múltiplas dinâmicas que são realizadas no *coaching*. Consiste em usar um papelão branco e, com lápis de cor (cera, marcadores ou outros), reunir todos os membros da equipe para desenhar seu escudo. Esse escudo deve representar os pontos fortes da equipe, de tal forma que com o simples fato de olhar para ele possam lembrar quem eles são e por que eles estão ali. Idealmente, ele deve ser emoldurado e depois pendurado em algum lugar em seu espaço de trabalho. Algumas equipes chegam a digitalizá-lo. Isso tem sido realmente fantástico.

Dentro da dimensão da liderança estratégica não posso deixar de mencionar os achados do psicólogo organizacional Marcial Losada em equipes de alto desempenho. De forma muito simples e precisa, ele demonstra o quão decisiva é a razão da positividade versus a negatividade que as equipes de trabalho têm em sua interação e conversação. Um ato positivo de uma pessoa acontece quando ela demonstra apoio, encorajamento ou compreensão. Um ato negativo de uma pessoa ocorre quando ela demonstra desaprovação, sarcasmo ou cinismo. A razão ideal definida e conhecida como Losada Line é 3 de positividade, zona de florescimento organizacional e humano, contra 1 de negatividade, zona de abatimento organizacional e humana.

Essa prevalência do positivo sobre o negativo também é apoiada pelos argumentos de Echeverría e Frederickson, onde o primeiro diz que a positividade gera espaços emocionais que abrem possibilidades de ação (em oposição à negatividade) e a segunda afirma que as emoções positivas ampliam o repertório de pensamentos e ações, construindo recursos físicos, intelectuais e sociais duráveis.

Convido você a realizar um exercício muito bom para treinar nossa visão positiva das coisas e nos proporcionar esse estado emocional que abrirá possibilidades para nós: escreva três coisas positivas sobre os nossos colaboradores, pares ou chefe. E se você quiser avançar um pouco mais nesse treinamento, aumentando o desafio, realize o mesmo exercício pensando em sua esposa ou marido, em uma proporção 5 a 1 (positivo versus negativo), já que, como descoberto pelo psicólogo especialista e pesquisador com 40 anos de experiência em casais John Gottman, aqueles que mantêm seu relacionamento ao longo do tempo são aqueles que têm uma alta relação positiva versus negativa no comportamento e expressão verbal e não verbal cotidiana.

Finalmente, as relações de trabalho são relações humanas – e, como todos os seres humanos, temos nossas necessidades, como vimos na pirâmide de Maslow. Hoje, para ter o comprometimento dos melhores profissionais, uma boa remuneração econômica não é suficiente – isso deve ser muito bem acompanhado de uma ótima remuneração emocional.

Uma liderança firme e próxima também não está longe da que aplicamos em casa com nossos filhos para que eles se desenvolvam e floresçam. Convido você a observar-se mais no seu dia a dia de trabalho e aplicar algumas das práticas que eu lhe apresentei como possibilidades de ação no exercício da liderança em todas suas dimensões para ver quais benefícios elas trarão. E se já está tomando ações positivas, extraordinário! Vamos para mais.

> "Nos transformamos em líderes no dia que ajudamos as pessoas a crescer, não os números."
> **Simon Sinek**

CAPÍTULO 5

VALORES DO ESPORTE OLÍMPICO APLICADOS À VIDA E AO TRABALHO

Na Grécia Antiga, o esporte representava um elemento da cultura e socialização. Zeus, soberano indiscutível do Olimpo, foi um deus cuja imagem representava justiça, razão, ordem e autoridade. Em sua homenagem, eram feitos os Jogos Olímpicos a cada quatro anos na cidade onde era especialmente venerado, Olímpia.

Esses jogos foram a expressão máxima do que a educação física representava na Antiguidade, onde a saúde era considerada pela mão do esporte e sua prática também implicava o enobrecimento do espírito. É por isso que esses jogos foram celebrados por doze séculos ininterruptamente, com tréguas sagradas que suspendiam a hostilidade. Os jogos tiveram muitos participantes e espectadores, com regras de participação de respeito à ordem e disciplina. Eles também tiveram um grande impacto político e religioso, destacando seu elevado espírito unificador.

Infelizmente, e por conta de várias situações no decorrer do tempo, os Jogos Olímpicos de Antiguidade chegaram ao pôr do sol. Embora os responsáveis sejam principalmente o

Império Romano e cristianismo, com a expansão da cultura grega por Alexandre o Grande pela Pérsia e a criação de outros jogos inspirados nos jogos de Olímpia em diferentes épocas, foram se degenerando os costumes e ideais com os quais esses jogos nasceram. Após a conquista romana da Grécia, os romanos também participaram dos jogos, mas os shows multitudinários que eles organizavam foram ainda mais afastados do ideal encarnado nas competições gregas; começaram a aparecer a luta, a oposição, a batalha constante para aparecer mais, as "armadilhas" e as recompensas excessivas para os vencedores. Os últimos Jogos Olímpicos da Antiguidade foram realizados no ano 393, quando o imperador Teodósio I baniu todas as celebrações pagãs, incluindo os jogos.

Os Jogos Olímpicos da Era Moderna foram celebrados pela primeira vez em Atenas em 1896, com a participação de 285 atletas representantes de 13 nações e com a presença de cerca de setenta mil espectadores no estádio Panathinaiko. Isso foi conseguido graças ao Barão Pierre de Coubertin, historiador e pedagogo humanista, que, apaixonado por exercícios físicos e entusiasmado com o atletismo e esportes coletivos, conseguiu se manifestar em uma reunião com a União das Sociedades Francesas de Esportes Atléticos realizada na Sorbonne em 1892 com a seguinte afirmação: "Atletas amadores de todas as partes do mundo deverão novamente competir a cada quatro anos, sem qualquer restrição à raça, religião, classe social ou riqueza. Todo o futuro do esporte depende do renascimento dos Jogos Olímpicos. Devemos, unidos, lutar para que isso aconteça".

Conseguindo transformar sua declaração em realidade, os Jogos Olímpicos da Era Moderna têm se mantido ao longo do tempo desde então. Nos últimos jogos de Tóquio em 2020/2021, 11.700 atletas representaram um pouco mais de 200 nações membros do Comitê Olímpico Internacional foram vistos por mais de três bilhões de pessoas em todo o mundo.

Embora a realização e participação nos Jogos Olímpicos não seja mais amadora há vários anos, tendo sido um dos atletas participantes desse maravilhoso evento em duas ocasiões, ainda posso dizer que o espírito encarnado por Pierre de Coubertin quando declarou que "a coisa mais importante sobre o esporte não é vencer, mas participar, porque a coisa essencial na vida não é o sucesso, mas lutar para alcançá-lo" ainda é vivido por dentro. Faço referência ao espírito de superação, de deixar tudo na arena, continuar a melhorar e crescer como atleta e como pessoa, o que traz como resultado o sucesso da vida, o triunfo e a realização. Não sem antes passar por um variado coquetel de emoções durante o processo de preparação e no próprio evento, como são a frustração, a ansiedade, a raiva, o medo, a tristeza... Quase toda a grade de emoções que vimos na dimensão emocional do bem-estar. A coisa mais notável é que no final da estrada sempre haverá uma recompensa, já que, quando olhamos para trás, na maioria das vezes o que mais valorizamos é justamente a experiência vivida.

Quando falamos de competição esportiva, assim como nas empresas, pensamos em indicadores e resultados. No caso do esporte, pensamos em minutos e segundos, em metros e centímetros, além de pontuações. No entanto, não há como medir e não existe nenhum indicador da coragem, determinação, comprometimento e perseverança que uma atleta pode ter, como no caso marcante da suíça Gabrielle Andersen, participante da primeira maratona feminina da história dos Jogos Olímpicos em Los Angeles, em 1984. Gabrielle, 39 anos, entra no estádio para percorrer os últimos metros da corrida totalmente desidratada, desorientada, fraca e cambaleante, prestes a entrar em colapso e sem se permitir ser tratada (na época, uma atleta que fosse ajudada, mesmo para atendimento médico durante a maratona, era desclassificada) para poder cruzar a linha de chegada e assim cumprir seu propósito. Ela foi a 37ª a cruzar a linha de chegada de 44 mulheres que terminaram a corrida e a vencedora na competição foi Joan Benoit dos EUA., porém esse fato e as imagens de sua chegada ao estádio continuam emocionando o mundo pela maneira como aconteceu. No YouTube: https://www.youtube.com/watch?v=lBasZWjd92k.

O que vemos refletido nessa história e em muitas outras, como quando vemos um atleta demonstrar com sua expressão a satisfação total de ter terminado uma prova ou ver o prazer e deleite quando comemoram a obtenção de um 3º ou 2º lugar, é que você não precisa ser o primeiro para sentir-se um campeão.

O fato de ter adversários em competições esportivas não é sinônimo de ter inimigos. Embora haja a intenção de vencer o outro, não há intenção de desonrá-lo; muito pelo contrário, já que sem essa oposição gerada pelo oponente não seria possível para o atleta se esforçar para superar a si mesmo. O que o outro gera é a oportunidade de crescer e ser melhor, enfatizado por esse adversário, a quem finalmente devemos todo o nosso respeito, admiração e gratidão.

O grande desafio e motivação para um atleta reside em ser capaz de superar o medo, suportar a dor e saber resistir para receber sua recompensa; a recompensa de ter feito algo gigantesco, que não está relacionado a uma compensação econômica e sim ao simples fato de poder deixar seu nome encarnado no tempo, não passar despercebido neste mundo, deixar um registro, um feito, um legado, inspirar a outros e levar o mundo adiante. Isso é o que eu considero que um atleta olímpico busca: liderar(-se).

Enquanto por um lado temos essas pessoas desejosas de se tornarem gigantes do esporte de alto rendimento, ideal com o qual muitas pessoas e profissionais se sentem identificados, também o esporte pode ter um propósito formativo e recreativo. Para alguns é até uma metáfora para a vida. Permite que eles se sintam vivos. Tudo que é vivido na quadra pode ser levado ao cotidiano pessoal e profissional, proporcionando a entrega de valores com uma conotação muito importante. É uma forma de aprender, de saber ganhar com humildade e perder com dignidade; prevaleçam respeito, honestidade, comprometimento, aceitação de regulamentos e trabalho em equipe. Valores sociais como cooperação, competitividade – com preocupação com os outros –, a coesão do grupo, a justiça e a expressão dos sentimentos estão presentes. Por sua vez, aparecem valores pessoais como autodisciplina, autoconhecimento, autocuidado, liderança e criatividade. É principalmente uma tremenda oportunidade de falhar e cometer erros para então corrigir e tentar novamente. Como Michael

Jordan disse uma vez: "Perdi mais de nove mil tiros na minha carreira. Perdi quase 300 jogos. Em 26 ocasiões eles deixaram o lance decisivo em minhas mãos e eu não marquei. Eu falhei uma vez após a outra durante toda minha vida... E é por isso que eu triunfei".

O esporte é um meio de estabelecer metas e se preparar para enfrentá-las com foco, determinação, paixão e coragem.

Novos desafios estão sendo constantemente procurados, refletindo sobre aqueles que não foram alcançados e analisando o que faltou para serem cumpridos. Dessa forma, podemos tentar novamente e buscar uma nova oportunidade tendo nos preparado de uma maneira melhor para isso. Entramos em um círculo virtuoso de melhoria contínua, assim como com o princípio Kaizen. Esse espiral só acaba no campo esportivo quando a decisão é tomada pelo atleta, a decisão de parar de competir, ou quando o alto desempenho e alta demanda da competição acabam abandonando o atleta se ele não decide sair a tempo.

Aqui aparece uma possibilidade que não se restringe apenas ao mundo dos esportes ou da atividade física: podemos nos aperfeiçoar e ser melhores em qualquer disciplina, atividade ou em capacidades e habilidades específicas. Isso é conseguido por meio do treinamento, uma palavra que eu recomendo ser sua aliada, que seja seu companheiro de viagem na vida. Afinal, é o treinamento, a prática repetitiva, sistematizada e bem estruturada, que nos permitirá ser melhores e os melhores no que definimos ser.

Os valores, princípios e hábitos desenvolvidos no esporte serão um verdadeiro benefício para o mundo corporativo, especialmente quando falamos de tolerância à pressão, estresse, superação e cumprimento de metas. A atenção, planejamento e estratégia são competências também comuns em ambos os espaços e que, uma vez desenvolvidas na prática esportiva, aparecem de forma quase natural no trabalho.

As empresas modernas precisam dessas habilidades e valores pessoais em seus trabalhadores e como parte de sua cultura – e os buscam. Por isso, será altamente rentável para a organização integrar atletas em sua equipe, facilitar a prática esportiva e/ou desenvolver atividades esportivas e competitivas como parte de seus benefícios.

Como exemplo, o Serviço Social da Indústria no Brasil (SESI) realizou em 2019 os 72º Jogos do SESI, com recorde de participantes e de público, reunindo na sua final estadual 900 atletas-trabalhadores e um público estimado de 1.200 torcedores de 90 empresas e 38 municípios do estado de São Paulo. O evento tem como objetivo aproximar as pessoas que trabalham no setor aos valores do esporte e convoca a pequenas, médias e grandes empresas de todo o país. Os esportes na competição são atletismo, natação, vôlei de praia, futebol, futebol de bebê, tênis de mesa, tênis, vôlei e xadrez. Você pode ver detalhes deste magno evento no *link* do YouTube: http://youtube.com/watch?v=18xBkkniza.

De acordo coma pesquisa realizada pelo SESI, seus principais benefícios são a redução de afastamentos por doença e maior concentração e disposição nas atividades de trabalho.

Como resultado do exposto, acho apropriado incluir neste capítulo o esquema da Dra. Sandra Mahecha, que detalha os benefícios obtidos por uma empresa ao investir em programas de atividades físicas, recordando que o esporte é uma categoria da atividade física.

Benefícios da promoção da atividade física dentro do lugar de trabalho

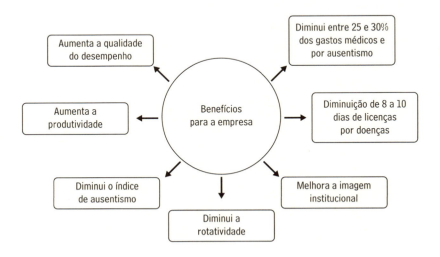

A redação deste livro coincidiu com os Jogos Olímpicos do Rio de Janeiro de 2016, com a presença de mais de 60 mil espectadores na cerimônia de abertura, que foi realizada com um grande espírito festivo.

Embora eu não possa negar que esse grande evento historicamente também tenha seu lado "sombrio", enquadrado com uma grande quantidade de marcas, com membros do Comitê Olímpico Internacional acusados de corrupção em mais de uma ocasião e com alguns atletas envolvidos em *doping*; peço que não percamos o foco no propósito com o qual ele foi criado e nos aspectos positivos que ele pode nos deixar.

Nos jogos estão presentes os melhores atletas do mundo, aqueles que treinaram milhares de horas, em silêncio, muitas vezes sozinhos, no escuro, para poder brilhar. No caso de algumas disciplinas, só brilham por alguns segundos em uma única oportunidade, dando tudo para chegar ainda mais alto do que já alcançaram ao chegar nos Jogos Olímpicos. Por sua vez, eles estarão nos maravilhando com o espetáculo e nos ensinando, se estivermos atentos e abertos o suficiente para aprender os valores que busquei compartilhar nestas poucas linhas ao falar sobre o esporte e seus princípios, que podem ser aplicados à vida e ao trabalho.

CAPÍTULO 6

ALTO RENDIMENTO

Quando falamos do conceito de rendimento, geralmente o entendemos como o resultado do trabalho ou esforço de uma ou mais pessoas, assim como a proporção que vem dos meios empregados para obter algo e o resultado que se obtém. É comum também o associar aos conceitos de eficiência e/ou efetividade. Um bom exemplo disso é considerar o rendimento de um veículo quanto ao seu consumo de combustível: ter um bom rendimento significa que com pouco combustível ele percorre uma grande quantidade de quilômetros.

No caso das pessoas, Timothy Gallwey define uma fórmula para o rendimento que faz muito sentido compartilhar com você:

Desempenho = potencial − interferência

E o que uma disciplina como *coaching* busca é melhorar o rendimento das pessoas, aumentando o seu potencial e diminuindo as interferências (reais ou imaginárias).

No mundo do esporte, pelo menos no competitivo de nível mundial ou olímpico, falamos de alto rendimento, algo que podemos entender como o máximo e melhor uso da energia do corpo para obter os resultados incríveis que todos vemos nas competições. Ou seja, alto rendimento esportivo é igual à maximização de resultados.

Estou convencido de que muitos outros atletas que já viveram nesse espaço, o de alto rendimento, sabem que esse conceito vai muito além da conquista de resultados. É fazer história, alcançar o que os outros não têm alcançado ainda, superando os limites existentes. Assim como a definição de ambição que li uma vez, que dizia "acreditar ser possível o que outros não acreditam". Essa é a filosofia de vida que rege os atletas de alto rendimento.

Um desses nomes que fez história e que certamente transcenderá por muito tempo, mesmo que já tenha falecido, é o de Muhammad Ali, que uma vez, com toda a paixão, ousadia e convicção, disse:

"Impossível é apenas uma palavra que os homens fracos usam para viver facilmente no mundo que lhes foi dado, não ousando explorar o poder que eles têm para mudá-lo. Impossível não é um fato, é uma opinião. Impossível não é uma declaração, é um desafio. Impossível é potencial. Impossível é temporário. Nada é impossível".

Acho difícil essa mentalidade ser diferente, já que isso é o ensinado às crianças que começam a se envolver com esporte e competição. É transmitido a elas que a palavra "eu não posso" não existe para aqueles que têm o sonho de se tornar um atleta de alto desempenho, uma lenda. O "não posso" é algo temporal e, por essa mesma razão, o simples fato de acrescentar a palavra "ainda" muda completamente a nossa frustração quando algo não dá certo. "Não posso ainda." A dor e fadiga devem ser superadas (mantendo as proporções e cuidados de um estágio formativo), ou melhor, devem ser consideradas como acompanhantes nessa estrada. É a atitude que vai forjar a perseverança e a confiança que um atleta que pretende chegar ao topo de sua disciplina esportiva precisa ter. O que é finalmente treinado, além do corpo, é a mente... Para obter uma mentalidade de campeão.

Para fazer um paralelo desse alto desempenho com o mundo organizacional, acho apropriado mencionar o estudo conduzido por Jim Collins e detalhado em seu livro *From Good to Great*. Nesse estudo, de um universo de 500 empresas da revista Fortune, foram encontradas 11 empresas de grande destaque, o que implicava em mostrar retornos acumulados de pelo menos 3,4 vezes a taxa de mercado ao longo de 15 anos.

O livro de Collins em português se chama *Empresas feitas para vencer*, com um convite para alcançar um nível de excelência que é o que considero que mais se aproxima ao mundo do alto desempenho esportivo. É alcançar algo muito acima do normal, algo fora de série, como diz o nome do livro escrito por Malcom Gladwell: *Outliers*. Gladwell, em seu livro, fala sobre o conhecido estudo da prática das 10.000 horas de Erickson como característica fundamental daqueles que conseguiram triunfar e se destacar da média em cada uma de suas disciplinas, seja na arte, música, esportes ou tecnologia.

Não se trata apenas de bons resultados: trata-se de algo que faz uma diferença substancial frente aos outros, sendo excepcional! É isso que as grandes marcas, principalmente as marcas de serviços, conseguem quando alcançam o sucesso. Elas saem da média. Elas criam uma experiência que excede as expectativas que seus clientes têm. Essas empresas excepcionais que Collins cita tinham um componente fundamental e transversal: eram lideradas por líderes excepcionais, que Collins considerava o nº 5 em uma escala de 1 a 5 em atributos fundamentais de um líder. São aqueles que apresentam o mais alto nível hierárquico de capacidades executivas, construindo grandeza duradoura por meio de uma combinação paradoxal de humildade pessoal e vontade profissional.

É como a liderança extraordinária que falamos na TGLI Leadership Consulting e que eu apresentei a você no capítulo 4; quando um líder pode se mover com total domínio e nas três dimensões da liderança: pessoal, relacional e organizacional. Agora, você não precisa ser um executivo sênior ou diretor da empresa para ser um líder extraordinário ou excelente. "Todos" podem ser pessoas de alta performance, de classe mundial, colocando todo o nosso potencial em ação nas diferentes dimensões em que nos relacionamos e desenvolvemos.

Isso também é declarado por Robin Sharma em seu livro *The Leader Who Had No Title*, onde ele apresenta a possibilidade de sermos excepcionais sem importar o papel profissional que temos. Seja um grande executivo, um abastecedor de supermercado ou uma pessoa que faz a limpeza dos banheiros em uma empresa, ele nos convida a fazer tão bem o que fazemos que não passamos despercebidos. As pessoas se virarão para olhar como fazemos o que fazemos.

Podemos conseguir isso quando estamos na nossa melhor versão, com um bem-estar de classe mundial, com uma nota 10 nas seis dimensões do bem-estar: físico, emocional, ocupacional, espiritual, social e intelectual.

Voltando ao esporte de alto rendimento: nas palestras e *workshops* que faço, menciono as conquistas excepcionais de alguns atletas e as características que possuem e aplicam, que considero absolutamente necessárias e transferíveis às dimensões ocupacionais (trabalho).

Embora existam vários atletas que tiveram um desempenho incrível feitos e recordes que em alguns dos casos ainda não foram superados, escolhi compartilhar as conquistas de seis atletas por sua origem variada, disciplina esportiva e particularidades em suas respectivas realizações. São histórias que foram gravadas em minha memória e que conecto com o mundo empresarial.

Convido você a saber mais sobre eles – e que seus nomes e marcas, que pareciam "impossíveis", sirvam de inspiração para alcançarmos nossos próprios registros como pessoas de alta performance.

JAVIER SOTOMAYOR: IMPOSSÍVEL DE IMAGINAR ATÉ QUE FOSSE FEITO

O atual recorde mundial de salto em altura, que ele mesmo quebrou em mais de uma ocasião, ainda pertence ao cubano Javier Soto desde 1993, quando tinha 26 anos. Ele é considerado o melhor da história nessa disciplina, já que também foi medalhista de ouro olímpico nos Jogos de Barcelona de 1992 e prata oito anos depois nos Jogos de Sydney 2000.

Sobre seu recorde ainda vigente, gostaria de pedir-lhe que imagine por alguns segundos um arco de futebol profissional, aquele que os goleiros profissionais alcançam o travessão com esforço ao saltar para evitar que a bola entre. Bem, esse arco mede exatamente 2,44 metros de altura, um número que à primeira vista já parece bastante alto, e é transformado em algo incrivelmente impressionante ao pensar que há uma pessoa que poderia superá-lo com seu corpo e, ainda por cima, um centímetro mais alto. Esse é exatamente o recorde estabelecido por Javier Sotomayor quando ele saltou a altura de 2,45 metros. Compartilho a seguir parte da história que foi publicada pelo jornal espanhol El País, em sua seção de esportes, na data que foi alcançado esse grande feito, ainda não repetido ou superado:

Sotomayor derrubou a vara no primeiro salto. Era um nulo claro, mas o atleta tinha o salto na cabeça. Na segunda tentativa, foi visto desde o início que Sotomayor estava em um lugar privilegiado para quebrar o recorde mundial. Foi o suficiente para ver seu gesto concentrado e a mistura de tensão e desejo que seu gesto expressou. Em pé, a poucos metros da vara, ele mentalmente revisou seu salto, a corrida e a decolagem. Quando ele checou o filme em sua cabeça, ele suspirou, abriu os olhos, e lançou-se com um golpe medido e poderoso. Era o grande Sotomayor. Ele tinha o poder e agilidade do garoto que começou a surpreender seus rivais quando ele mal tinha completado 18 anos. A corrida e a batida foram tremendas. Sotomayor subiu obliquamente para a vara, inclinou as costas e tocou a fita com a parte dorsal. As pernas passaram depois de um extraordinário golpe de rins. Embora a vara estivesse balançando, o saltador cubano tinha certeza de que não cairia. Ele saiu como um furacão do colchão e abraçou Guillermo de la Torre. Ele tinha acabado de quebrar o recorde e recuperou todo o poder de seus melhores dias no mesmo palco onde alcançou seu primeiro recorde mundial.

MICHAEL PHELPS:
MAIS MEDALHAS OLÍMPICAS DO QUE O CHILE TODO

Mais conhecido como o "Tubarão" Phelps, o nadador americano é o atleta olímpico que detém o maior número de medalhas na história desse grande evento. Ele tem um total de 28 medalhas, das quais 23 são de ouro. As últimas seis foram conquistadas nos Jogos Olímpicos do Rio em 2016, com quase 30 anos.

Para se ter uma ideia, o Chile como país, considerando todas suas participações olímpicas e somando todos os esportes, tem só 13 medalhas em mais de 100 anos de participação, e apenas duas dessas medalhas são de ouro.

Longas horas de treinamento, testes que requerem esforço não só na piscina, mas também na academia, com terapias físicas e um regime de alimentação rigoroso, é o que esse e muitos outros atletas vivem no dia a dia para alcançar seu máximo potencial e que podemos ver em parte na publicidade feita com Phelps na época para a marca Under Armour, que termina com a frase "É o que você faz no escuro que te coloca na luz". Que notável! Você não acha? Além disso, outro aspecto fundamental do alto desempenho é entender que mesmo em um esporte individual como a natação, você não pode alcançar o sucesso sozinho. Assim também disse Phelps. Isso porque precisamos, como atletas de alto rendimento, de toda uma rede de apoio que nos permita estar no nosso melhor ser e garantir nosso cuidado para liberar toda a energia necessária no momento certo.

MAGIC JOHNSON: TRANSFERÊNCIA DE HABILIDADES, DO ESPORTE AOS NEGÓCIOS

Considerado um dos maiores jogadores de basquete da NBA de todos os tempos, Earvin Magic Johnson Jr é um dos esportistas, também medalhista de ouro olímpico em Barcelona 1992, que admiro por seus notáveis atos além da quadra de basquete. O primeiro, sem dúvida, é ser um exemplo de superação do vírus da AIDS, do qual é portador desde 1991; além de permanecer vivo, ele prometeu desde então ser um porta-voz dos perigos dessa doença. Ele é dono de uma fundação chamada Magic Johnson Foundation, dedicada à conscientização sobre o HIV, prevenção, controles e programas de tratamento, entre outras atividades de apoio à comunidade, educação e capacitação para pessoas em suas casas ou ambientes de trabalho.

Além disso, Johnson é atualmente um empreendedor de sucesso que já fez parceria com grandes marcas como Starbucks, TGI Fridays, Sodexo, Best Buy, AON, 24 horas Fitness, entre outras. Fez parcerias com centenas de cafés, restaurantes e cinemas que ele soube levar para os bairros periféricos das cidades americanas, onde nenhum empreendedor acreditava que era possível ter um negócio lucrativo, até que Magic os introduziu, comprometido com essa possibilidade, facilitando o entretenimento e gerando centenas de empregos para a comunidade, como detalhado em seu livro *32 Ways to be a Champion in Business*.

A liderança empregada por Johnson, sua criatividade, objetivos, ambição, perseverança, contribuição e trabalho em equipe são algumas das qualidades pessoais adquiridas por meio do esporte que o fizeram se destacar na quadra e fora dela.

RAFAEL NADAL: CONSTÂNCIA E EXCELÊNCIA

Um dos maiores tenistas da história e considerado o melhor atleta espanhol da história no 75º aniversário do jornal esportivo Marca, o "Rafa" também é o único tenista que conseguiu treze vezes ser campeão do torneio de Roland Garros, sendo sua última conquista no ano de 2020. Ganhar treze vezes um torneio que poderia ser considerado em qualquer outra disciplina como um mundial da especialidade é realmente algo excepcional, fora de série.

Em 2002, pouco mais de um mês antes de seu 16º aniversário, ele se tornou o tenista mais jovem a vencer uma partida da ATP. Naquela ocasião, ele venceu Ramón Delgado, 25, que estava no top 100 do *ranking*.

Dez anos depois, ele ficou afastado do tênis por mais de seis meses devido a uma lesão crônica no joelho, entre várias outras que colecionou durante sua carreira, incluindo uma fissura por estresse no pé esquerdo em 2004. Em 2013, quando voltou, foi reconhecido pela ATP como o Jogador de Retorno do Ano, o que, sem dúvida, se deve à sua perseverança e disciplina não só para jogar em quadra, mas também para saber como se recuperar.

Além dos atletas excepcionais que destaquei até agora, "Rafa" tem sua medalha de ouro olímpica, conquistada em Pequim em 2008.

Detalhar todos os títulos que Rafael Nadal conquistou em sua carreira levaria um tempo considerável, já que são muitos; entre eles, os Grand Slam e o Master 1000, sendo o objeto deste capítulo conectá-los com o que considero a coisa mais marcante sobre cada um desses atletas. Faço referência a como eles conseguiram fazer história e vão transcender no tempo ao ter feito possível o que os outros não acreditavam que fosse, devido à paixão que sentem pelo que fazem, como podemos conhecer na autobiografia do Rafa.

TENÓRIO DA SILVA: HISTÓRIA DE SUPERAÇÃO

É o maior judoca paraolímpico de todos os tempos. Seu quadro de medalhas abrange seis medalhas olímpicas, quatro delas de ouro! Embora pensasse em se aposentar há alguns anos, nos Jogos do Rio 2016 ele obteve uma medalha de prata para o Brasil. Tenório então se inspirou a continuar e quis participar em Tóquio 2020 aos seus 50 anos.

Nascido em São Bernardo do Campo, São Paulo, em 1970, Tenório tem uma maravilhosa história de superação que começa ao perder a visão de um dos seus olhos quando criança, numa brincadeira com estilingue e mamona. Em seguida, aos seus 19 anos, uma infecção no outro olho o termina deixando sem visão.

Começou o judô aos 7 anos e construiu seu caminho no dia a dia, treinando duro, inspirado pelo sonho de poder estar em seus primeiros jogos paraolímpicos em Atlanta em 1996, por meio de muito esforço e troca de quedas com outros judocas que podiam ver.

Para poder treinar quatro horas ao dia e dedicar-se ao judô, outra das grandes batalhas a enfrentar foi conseguir o apoio econômico necessário por meio de patrocinadores. O que já não é fácil não sendo um atleta paraolímpico.

Recentemente, somou e superou uma grande dificuldade que manteve seu espírito de guerreiro em alto, já que esse grande atleta esteve com Covid e permaneceu 18 dias internado, dos quais duas semanas foram na UTI, com 85% do pulmão comprometido. Portanto, chegar a Tóquio logo após isso para lutar representando o Brasil já foi uma grande vitória.

Tive a honra de poder sentir a sua força e coração quando treinamos juntos numa das minhas viagens de preparação ao Brasil. E o extraordinário é que embora eu já tenha me aposentado do judô há mais de 16 anos, Tenório continua muito vigente, atualmente treinando e residindo no centro de treinamento paraolímpico do Brasil. Ele já declarou que sua próxima meta será participar dos Jogos de Paris em 2024.

NICOLÁS MASSÚ E FERNANDO GONZÁLEZ: OS ÚNICOS OUROS OLÍMPICOS DO CHILE, DUPLA SINÔNIMO DE COMPROMISSO, PAIXÃO E CONVICÇÃO

Apesar de compartilharmos o mesmo prédio na Vila Olímpica dos Jogos de Atenas em 2004, e em algumas ocasiões termos o mesmo preparador físico, o mestre Jaime Huberman, senti falta de poder conhecer esses dois heróis nacionais com mais profundidade.

Por que os considero heróis? Porque eles alcançaram o que nenhum outro atleta chileno conseguiu em mais de 100 anos de participação em Jogos Olímpicos. Estou me referindo à tão esperada medalha de ouro, que, para nós, atletas de alto rendimento e olímpicos, significa a chave para a entrada no céu, no Olimpo!

A particularidade adicional foi "como" eles a conquistaram, como uma dupla... Diante de um placar complexo contra os adversários de alemães, uma luta sofrida até os momentos finais. Após 3 horas e 44 minutos da partida, além de estar com uma sobrecarga física e emocional adicional pelas partidas individuais (*singles*), nos fizeram credores pela primeira vez como país da medalha de ouro olímpico, feito que se repetiria no dia seguinte, quando Nicolás Massú conquistou seu segundo ouro olímpico ao bater na final, em uma partida agonizante, o norte-americano Mardy Fish.

Desses dois atletas quero destacar o comprometimento e a convicção com que jogaram minuto a minuto. Com uma paixão que se refletiu não só em cada minuto de jogo, mas também totalmente explícita quando eles comemoraram, no chão... Abraçados... E quase imediatamente pegando e caminhando com nossa bandeira, mostrando-a ao mundo, com a mensagem de que no Chile também somos bons para o tênis, de que também podemos ser campeões e que temos atletas e pessoas com paixão, pessoas que, com esforço e dedicação, alcançam o que se propõem.

Para conseguir esse triunfo, além de suas 10.000 horas de prática cada um, na quadra eles se tornaram um só, totalmente sintonizados, coordenados e unidos para superar o desafio à sua frente.

Eu me pergunto como seria ter um parceiro, colaborador ou chefe com quem poderíamos trabalhar com esse mesmo anúncio de emoção e cumplicidade. Que magnitude de desafio poderíamos enfrentar e superar? Como seria poder celebrar nossas conquistas com essa mesma pessoa? Extraordinário com segurança! De classe mundial!

Se você já tem uma relação assim, que admirável e fantástico. Convido você a desfrutar com muita consciência e agradecer a essa pessoa em todas as oportunidades possíveis pelo que ela significa para você. Se não, deixo você com a tarefa de sair do estado de desejo e trabalhar em construir uma relação assim, a qual sou testemunho de que é possível criar.

O que é preciso para isso? Primeiro querer fazê-lo, logo ver como, com quem, e avançar passo a passo com uma boa comunicação, com um espírito colaborativo, fazendo conexões e criando vínculos, que permitam conhecer-se mais e confiar mais um no outro, onde o cuidado com o outro e seu bem-estar também é importante, e, em seguida, criar compromissos que os levarão a alcançar grandes resultados.

Fecho este capítulo agradecendo a oportunidade de ter descoberto, acompanhado e vibrado com essas histórias e conquistas, algumas certamente mais de perto que outras, mas sempre com grande admiração.

Particularmente, meu sonho de ter uma medalha olímpica no judô não foi cumprido e hoje eu digo isso com tranquilidade e aceitação, ao contrário daquele momento amargo de 2004, quando saí da minha luta, eliminado, e chorei, pensando que o mundo acabava para mim naquele momento. Hoje me sinto em paz porque tenho a convicção e a prova de ter feito tudo ao meu alcance para realizar esse sonho desde o primeiro dia, quando decidi querer ser um medalhista olímpico, até o último segundo de combate no tatame. Além disso, houve alguns recordes históricos que ainda perduram no tempo como judoca de alta competição, tendo sido campeão sul-americano, pan-americano, ibero-americano, ouro na Copa Rio, vice-campeão do Open da Inglaterra e 7º do mundo em Osaka, Japão (2003).

Essa tranquilidade me permitiu entender que em algum momento eu deveria deixar o esporte de alta performance, mas não deixar de ser um profissional de alta performance e, o que é mais importante, ser uma pessoa de alta performance, transferindo todas as habilidades adquiridas nos doze anos que naveguei na alta competição esportiva para outros espaços, para novos desafios, que às vezes também parecem impossíveis, mas que eu tenho a convicção de que podem ser alcançados por meio de um compromisso diário com esse novo desejo transformado em meta e vontade de aprender o que ainda não conheço para alcançá-lo.

De acordo com a definição de sucesso do treinador John Wooden, posso dizer que me sinto uma pessoa de sucesso: "O sucesso é uma tranquilidade interior, como consequência direta da satisfação pessoal em saber que você fez o melhor esforço para se tornar o melhor do que você é capaz".

Finalmente, o que é uma pessoa de alta performance para mim? É uma pessoa que procura ser tudo o que pode se tornar. São pessoas para as quais o bem não é suficiente e que a busca pela excelência é constante. E quando se trata de uma equipe da qual você faz parte, sejam eles chefes ou não, dê a pauta e a equipe vai se nivelar com você. Lembre-se de como a liderança pessoal é poderosa e que não precisa de um título para fazer que as coisas aconteçam. Sempre de dentro para fora. Você tem que olhar no espelho quando as coisas não saem bem para detectar o que poderia melhorar e através da janela quando as coisas dão resultado, para saber a quem agradecer e parabenizar.

CAPÍTULO 7

A FLEXIBILIDADE E PERSEVERANÇA DO JUDÔ APLICADAS ÀS ORGANIZAÇÕES

O judô é um esporte olímpico desde 1964 e foi criado por Jigoro Kano, que fundou a escola Kodokan no Japão em 1882. Esta disciplina provém da antiga arte de luta, o jiu-jitsu.

A atenção de Jigoro Kano no desenvolvimento dessa disciplina não foi voltada apenas aos aspectos técnicos e físicos, mas principalmente ao desenvolvimento moral de seus praticantes.

O princípio fundamental do judô é o Seiryoku Zenyou, que se traduz como o uso mais eficiente da força física e espiritual. Esse princípio seria proveniente de uma das artes de combate ainda mais antigas do Japão, Yoshin Ryu, o coração do salgueiro. O princípio mostra que a flexibilidade dos galhos do salgueiro pode ser muito mais vantajosa do que os galhos grossos do forte carvalho. Isso porque no inverno, quando a neve cai sobre os galhos espessos do carvalho, não importa o quão resistentes eles sejam, eles acabam quebrando por não suportar o peso da neve. No entanto, o que acontece com os galhos do salgueiro é que, à medida que recebem neve, seus galhos flexíveis descem até o chão, até que eles atinjam contato total com o chão. Por lá, eles depositam a neve, liberando-se dessa carga e, em seguida, retornando à sua postura original.

A partir desse princípio, nasce o desafio desse esporte, que é justamente ser capaz de derrubar o oponente não com força bruta, ao colidir de frente, mas com o melhor uso de energia. Se o oponente empurrar, aproveitamos a força desse impulso para puxar na mesma direção e depois derrubá-lo para o lado oposto ao que esse adversário poderia naturalmente imaginar. Esse princípio também é conhecido no judô com a frase "ceder para vencer".

Se esse princípio não fosse verdadeiro e eficaz, seria muito difícil para um oponente menor e mais leve vencer um maior, mais pesado e mais forte. E foi exatamente assim que consegui vencer os campeonatos sul-americano e pan-americano na categoria peso-livre, que não tem limites, derrubando adversários que em alguns casos pesavam cerca de 185 quilos, sendo que naquela época meu peso era de 93 quilos.

Sim, o judô é uma disciplina interessante e para alguns até mesmo um modo de vida... Mas o que isso tem a ver com o que temos falado neste livro ou como ele pode ser aplicável na vida diária e/ou organizacional?

É aplicável de várias maneiras, mas farei referência a duas delas, simples e ao mesmo tempo eficazes.

A primeira diz respeito ao uso da flexibilidade: sabendo ceder e soltar certas situações de vida e trabalho que são opostas ao que acreditamos, pensamos ou esperamos, e às quais estamos presos muitas vezes e por muito tempo, perdendo energia, gerando emoções negativas, além de baixos resultados.

Por exemplo, quando nos chateamos porque não conseguimos fazer todas as tarefas que tínhamos programas para o dia ou quando a pessoa com quem trabalhamos não responde às nossas expectativas.

A segunda, totalmente relacionada à primeira, é buscar eficiência cuidando de nossos recursos pessoais, nossa energia, implantando nossas habilidades de forma assertiva nas mais variadas áreas, o que exigirá alta consciência de nós mesmos. Como Jigoro Kano expressou em um dos princípios fundamentais do judô, "conhecer-se é dominar-se e dominar-se é triunfar". Essa é a mesma autoconsciência que Goleman apresenta em seu primeiro quadrante da inteligência emocional.

O confronto direto, a luta de posições e a medição de poder ou ego são situações recorrentes no mundo organizacional, entre equipes de trabalho – ou, às vezes, e o que é pior ainda, na mesma equipe. Isso não facilita o fluxo de coisas, relacionamentos ou a criação de sinergia. Consequentemente, as metas estabelecidas não são alcançadas. E mesmo quando elas são alcançadas, acaba sendo a um custo altíssimo, tanto em tempo como em dinheiro. Normalmente alguém se sente afetado, desfavorecido ou irritado. Essa situação acaba reduzindo o comprometimento e motivação dos membros de uma equipe, executiva ou esportiva.

Lembro-me de uma vez ter treinado uma equipe de chefes de obra. Simplesmente pelo fato de dois desses chefes não se comunicarem adequadamente, em algumas ocasiões nem se comunicando, todos os dias eles se atrasavam cerca de 30 minutos na sua gestão. Você pode imaginar o que isso significa no decorrer de um mês numa construção? Estamos falando de mais de um dia inteiro perdido, 10 horas! Logo após uma conversa guiada, franca e assertiva, gerada em um contexto apropriado (lugar e momento oportuno), com a flexibilidade de poder ouvir e depois falar (ceder para vencer), compreender para ser compreendido e entender que ambos poderiam ganhar se concordassem, o caso foi resolvido, coincidentemente aplicando os princípios da alta efetividade de S. Covey.

Muitas vezes olhamos para essas pessoas ou organizações que se opõem, competem ou nos enfrentam como inimigos em vez de vê-los como um adversário. Não é a mesma coisa, principalmente no nível da concorrência que existe entre as empresas, da mesma indústria, ou até entre colegas na mesma empresa. Sem a existência desse adversário, que se esforça tanto para nos superar e estar em primeiro lugar, não teríamos uma vara de medir ou uma tensão que nos "force" a superar-nos para sermos melhores: para aprender ou adquirir novos recursos, para sermos mais criativos e inovar, para esforçar-nos em fornecer um melhor serviço, melhorar nossa qualidade de produtos ou instalações, ou nossa gestão profissional e desempenho. Devemos ver nossos adversários como nossos aliados, a quem não desejamos mal. Pelo contrário, devemos agradecer e até mesmo cuidar, quando nossa dimensão espiritual está a tal nível.

Tendo feito parte do mundo esportivo competitivo por mais de 20 anos, vejo a competição como uma oportunidade de melhoria e crescimento permanente, desde que nosso oponente tenha a mesma intenção e esteja disposto a agir com honestidade e transparência. Este é o chamado *fair play* do esporte. *Fair play* com o qual Pierre de Coubertin inspirou os

Jogos Olímpicos da era moderna, e com a qual o código moral do judô foi criado. Isso não significa que não haja pessoas que desconsiderem a competência como uma oportunidade de crescimento mútuo, perdendo seu norte, dispostos a fazer o que for preciso para vencer, considerando o outro um inimigo a ser esmagado. Infelizmente, algumas pessoas assim ainda existem hoje e são até figuras públicas de grande importância a nível mundial.

Se conseguirmos manter-nos conectados aos nossos valores, à nossa integridade, ao respeito mútuo, ao cuidar da nossa essência e imagem, tentando fazer a coisa certa mesmo quando ninguém está nos olhando (outra característica da liderança), pensando em ser um exemplo para os outros em vez de desprezar um adversário na competição ou fora dela, estaremos melhorando nossa liderança pessoal e contribuindo ao desenvolvimento de outros.

No judô, sem um oponente – alguém que se oponha ao esforço do adversário – não haveria esporte, pois não é um teste individual como no atletismo ou natação, onde é possível treinar sozinho ou guiar-se por marcas de tempo, distância ou altura. Nos esportes de oposição dependemos de outro para praticar e é por isso que é essencial adicionar horas de treinamento com o maior número de judocas e no melhor nível possível, a fim de nivelar com eles. É a conhecida e necessária "experiência internacional", fundamental em esportes de oposição (lutas, tênis, vôlei, futebol etc.).

Entendo que no mundo dos negócios o princípio é o mesmo: estar e competir com os melhores, lutar para aprender, alcançar o nível deles e depois distinguir-se, diferenciar-se e destacar, sempre melhorando.

Outra das grandes máximas estabelecidas por Jigoro Kano sobre o oponente: "Nunca se sinta orgulhoso de ter derrotado um adversário. Quem você derrotou hoje pode derrotar-te amanhã. A única vitória que perdura é a conquistada sobre sua própria ignorância".

Particularmente no judô, esse princípio de respeito ao adversário ocorre desde o primeiro momento, quando se entra ao dojo (área de prática), que requer uma reverência especial feita com a inclinação do tronco à frente, olhando para frente e deslizando as mãos pelas coxas até chegar à altura dos joelhos. Essa saudação simples e simbólica é repetida com o mestre e, em seguida, a cada início e fim de luta, cara a cara com o parceiro. É assim na competição também. Essa ação corporal facilita muito o respeito que devemos ter pelo nosso oponente, baixando a cabeça, apaziguando nosso ego por alguns segundos e nos conectando com humildade.

Nos negócios, e como uma das práticas habituais de pessoas altamente eficazes, aparece o conceito de negociação ganha-ganha, quando em um relacionamento ambas as partes se sentem satisfeitas com o acordo gerado. Uma negociação ganha-ganha se conecta muito bem com o princípio da flexibilidade, de não ir ao confronto e finalmente dar algo para que ambos os lados ganhem. Mesmo quando em uma competição esportiva não "ganhamos" a medalha, sempre aprendemos. E aprender é ganhar.

Foi (e ainda é) um grande desafio para mim ensinar esse conceito ao meu filho mais novo desde quando ele tinha seis anos. No entanto, há algum tempo, nas férias de verão, tive a oportunidade de vê-lo e ouvi-lo interagir com seu primo de oito anos em uma casa de praia, dizendo-lhe "ganha-ganha, primo: vamos ver este filme que você quer primeiro e depois vemos este outro", finalmente entendendo que ambos teriam que ceder e chegar a um acordo para que continuassem se divertindo juntos. Você não pode imaginar o quão orgulhoso fiquei nesse momento, reforçando minha convicção de que existem competências (capacidades e habilidades pessoais e relacionais) que podemos desenvolver desde muito pequenos.

Podemos perder tudo ou ganhar alguma coisa... Tudo dependerá do nosso nível de flexibilidade, de estar disposto a ceder, de oferecer para depois pedir, de escutar para depois falar. O ditado "hoje por você, amanhã por mim" também pode se aplicar muito bem nesse espaço, conectando-o com o espírito de colaboração.

Junto com esses princípios de flexibilidade, respeito e humildade implícitos no judô como parte de sua cultura, há outros que quero compartilhar com você, que considero uma grande contribuição para o nosso cotidiano pessoal e profissional. Refiro-me ao aprendizado, à constância, melhoria e perseverança.

Assim como em outras artes marciais ou esportes de combate, o conhecimento no judô é regido e demonstrado pela cor da faixa que cada um tem. No judô se começa, independentemente da idade que você tem, com a faixa branca, que reflete a pureza, inocência e copo vazio que tem uma pessoa que está apenas começando esse caminho, disciplina e estilo de vida. Então, ao dominar certas técnicas e fazer um exame, você sobe para a faixa amarela, depois ao laranja pelo mesmo processo e assim, de forma semelhante, ao verde, azul, marrom e a anelada faixa preta. Isso representa um tempo mínimo próximo de cinco anos para chegar à faixa preta se a prática for de forma regular e todos os exames forem aprovados. O interessante que acontece quando você se torna faixa preta é que é muito comum pensar que "estamos prontos". Os outros vão nos reconhecer como sensei e, portanto, assumimos erradamente que já sabemos tudo. Pelo menos foi o que pensei quando tinha 17 anos e cheguei à faixa preta. No entanto, à medida que você continua a praticar com a faixa, quanto mais horas de experiência você tem, a faixa naturalmente se desgasta e começa a assumir uma cor branca novamente. Embora você possa comprar uma faixa nova, continuar usando a faixa gastada, com aquela cor preta já escassa no fundo, lembra aos senseis que quanto mais o tempo passa, mais aprendizes (faixas brancas) nos tornamos. O processo de aprendizagem nunca acaba.

Como Erickson demonstrou em seus estudos, os "mestres" das mais variadas disciplinas esportivas, artísticas e profissionais passam por um volume de horas de prática, de melhoria, perto de 10.000 horas para atingir seu pico (grandes resultados), o que representa cerca de quatro horas por dia por um período de 10 anos, ou oito horas por dia por cinco anos. Muito tempo?

Para alcançar e exceder esse volume de horas se requer disciplina; construir hábitos e rotinas onde o desejo de treinar e preparar-se exceda por muito o desejo de ter sucesso. Porque são as horas de treinamento que ninguém vê que te levarão ao sucesso. Como disse Thomas Edison: "O gênio é 1% inspiração e 99% transpiração".

A partir dessa perspectiva, está demonstrado que o esforço e a perseverança são essenciais e podem inclusive superar o talento puro naquilo que você faz e gosta de fazer. Isso é o que propõe também a psicóloga Angela Duckworth em seu livro *GRIT* e o que Erickson encontrou em seus estudos para chegar à regra de 10.000 horas: que os mais talentosos acabam escapando dos outros em resultados, à medida que vão somando horas de prática. E isso é o que finalmente os acaba transformando em excepcionais e fora de série.

No caso do judô não é diferente de outros esportes ou disciplinas, exceto pela particularidade, novamente do corpo, de que é necessário cair muitas vezes para poder triunfar. Literalmente, se você cair 100 vezes, você se levanta 100, pronto para cair mais 100... E para levantar-se sem lesões de tantas quedas, a primeira coisa que você aprende no judô é a "cair", tolerar quedas, fracassos. Com o tempo, com as horas de prática e o *feedback* adequado que é recebido, melhoramos e caímos menos, pois vamos aprendendo.

Como o sensei do meu filho disse outro dia em uma aula: "O judoca é um especialista em esforçar-se", algo que o mestre Jigoro Kano também disse: "O judoca não se aperfeiçoa para lutar, luta para aperfeiçoar-se". Naturalmente não seremos perfeitos, mas podemos ser melhores judocas, profissionais, crianças, pais, irmãos, amigos e principalmente melhores seres humanos.

Fecho este capítulo com o código moral do judô, que estabelece esses pilares fundamentais para sua prática. Eles são transferíveis para o nosso dia a dia e para uma ótima relação com os outros:

- **Cortesia:** respeito pelos outros.
- **Coragem:** fazer o que é certo.
- **Sinceridade:** expressando-se honestamente.
- **Honra:** ser fiel às declarações feitas.
- **Modéstia:** falar de si mesmo sem orgulho e presunção.
- **Respeito:** sem ela não pode haver confiança.
- **Autocontrole:** saber se controlar e ficar calmo quando a carga emocional estiver alta.
- **Amizade:** o mais puro dos sentimentos humanos.

CAPÍTULO 8

O COACHING COMO IMPULSOR DE COMPETÊNCIAS PESSOAIS E RELACIONAIS

O próprio Bill Gates em sua apresentação TED sobre o sistema educacional dos EUA indica: "*Everyone needs a coach*" (todo mundo precisa de um treinador).

Não quero que isso soe como publicidade para nós, os *coaches* profissionais. O que eu tento dizer é que todos nós precisamos de um outro observador do mundo para nos mostrar o que muitas vezes não somos capazes de ver em nós mesmos.

Como analogia, é como ter aquela pequena luz que os carros têm atualmente no retrovisor lateral, que liga justamente quando um carro está posicionado no ponto que não vemos (o ponto cego). Lembre-se do modelo apresentado no capítulo 1, a janela de Johari.

Se é essencial que atletas de alto rendimento tenham um *coach* para acompanhar, estressar, motivar e retroalimentar o seu processo, também é essencial para os executivos de alto desempenho e para quem tem interesse em melhorar, crescer e desenvolver seu potencial máximo em diferentes dimensões de sua vida.

Esse treinador é o chamado *coach* profissional, que oferece seus serviços ampliando o olhar daqueles com quem trabalha para gerar maiores possibilidades de ação. É essencial que ele esteja devidamente preparado e certificado para exercer esse papel. Além de ter a respectiva formação, acredito que sua credibilidade deva ser sustentada pela coerência entre o que diz, propõe e faz. Se contratarmos um *coach* que nos motiva a deixar a nossa zona de conforto, gerar mudanças, administrar nossas emoções e ousar enfrentar os desafios para superá-los, esperamos que ele tenha vivido essa experiência ou semelhante, para que não fale apenas sustentado na teoria.

Atualmente, a entidade que regula essa prática profissional em escala global é a International Coach Federation (ICF), e os institutos de *coaching* credenciados por ela obtêm um maior apoio como centro de treinamento para *coaches*. Essa entidade protege a aplicação das onze competências principais consideradas para que um *coach* se desenvolva profissionalmente. E são as seguintes:

- Respeitar as normas éticas e deontológicas.
- Estabelecer o acordo de *coaching*.
- Estabelecer confiança e intimidade com o cliente.
- Presença de *coaching*.
- Escuta ativa.
- Questionar com força.
- Comunicação direta.
- Conscientizar.

- Desenhar as ações.
- Planejar e definir objetivos.
- Gerenciar o progresso e a prestação de contas.

O *coaching* é uma metodologia de conversação com base em fazer perguntas que possam gerar reflexões significativas diante das mais variadas situações da vida e que nos levem a ver possibilidades que não tínhamos considerado antes para enfrentá-las.

Sócrates, considerado o primeiro *coach* da história, argumentou que o conhecimento não está no professor, mas nos próprios alunos. A partir dessa crença, eles poderiam encontrar suas próprias respostas uma vez que lhes fossem feitas boas perguntas. Portanto, um bom *coach* é considerado aquele que faz perguntas muito boas, inspirando seus *coachees* (pessoas treinadas) a se mobilizarem na direção de seus propósitos.

Um bom *coach* é aquele que permite que seus *coachees* se surpreendam consigo mesmos e seus resultados, e digam "sou bom" em vez de dizer "que bom é meu *coach*".

O *coaching* poderia ser definido como a criação de um ambiente de confiança por meio do qual a conversa entre o *coach* e o *coachee* facilita o processo para que a pessoa possa avançar em direção aos objetivos desejados e atendê-los, deixando sua zona de conforto e aprendendo o que está definido, como necessário para isso.

Os *coaches* são parceiros de colaboração e co-criatividade que trabalham em seu caminho para alcançar suas visões e objetivos.

No nível profissional, a ICF define a prática do *coaching* como "Uma relação profissional contínua que ajuda a produzir resultados extraordinários na vida de pessoas, carreiras, empresas ou organizações. Por meio do processo de *coaching*, os clientes aprofundam seu aprendizado, melhoram seu trabalho e melhoram sua qualidade de vida".

O que você pode conseguir com um *coach*? Aumento do autoconhecimento e consciência pessoal; aquisição de novas habilidades e conhecimentos; mudanças de comportamento sustentáveis; realização de objetivos pessoais e profissionais; maior efetividade; melhoria da saúde e bem-estar; aumento da satisfação com a vida; aumento do desempenho profissional; e ser a melhor versão que você pode ser de si mesmo... Sua versão 2.0!

Nesse processo de receber a perspectiva de um outro, novas possibilidades são abertas, novos caminhos são apresentados, o raio de ação é ampliado e novos aprendizados e resultados são gerados.

No *coaching*, o processo de "conscientizar", de poder ver o que não vimos antes ou o que não prestamos atenção, chamamos de pausa, e essa quebra pode ser por desenho (planejado) ou natural (pelas situações de vida que ocorreram).

Essa ruptura nos permitirá "perceber" algo que antes passava completamente despercebido.

Um exemplo clássico disso é quando de repente o pneu do carro estoura: paramos e, quando saímos para saber onde estamos e procurar ajuda, nos encontramos de frente com um edifício de 10 andares, amarelo, pelo qual passamos em frente todos os dias e não tínhamos "percebido" que ele estava ali.

Estamos em tal estado de transparência (piloto automático) no nosso dia a dia que as coisas acontecem e as vemos, mas como não estamos atentos a elas, não percebemos o que realmente acontece. E por isso muitas vezes perdemos oportunidades que poderiam marcar uma mudança significativa em nossas vidas. Esse último tem muito a ver com o fator sorte, que é considerado por alguns como aquele momento em que a preparação encontra uma boa oportunidade. Para termos sorte então, devemos estar mais atentos.

Será que será realmente necessário esperar o pneu "estourar" para perceber algo assim?

Não existirá a possibilidade de sair às vezes da agitação diária, do ritmo acelerado e desatento em que vivemos, nos permitindo observar o mundo ao nosso redor de uma forma mais tranquila, atenta e reflexiva?

Gosto muito de propor o seguinte desafio às equipes com as quais trabalho e agora desafiarei você. Trata-se de detectar o maior número de modificações que ocorrerão no cenário desse vídeo chamado *Los 21 cambios* (as 21 mudanças), antes que os 55 segundos sejam cumpridos: https://www.youtube.com/watch?v=g4xw0voW27w.

Para que o teste funcione bem, você deve parar no segundo 55 e tomar nota de quantas mudanças percebe que ocorreram e depois continuar assistindo o vídeo para corroborá-lo. Como parâmetro, a melhor equipe de até 20 pessoas com quem trabalhei, no máximo e entre todas, conseguiu detectar 17 mudanças que ocorreram. Você será capaz de superá-los?

No nosso presente, com nossa pressão, alto volume de compromissos, escassez de tempo e muitos estímulos tecnológicos que interferem diariamente em nossas vidas... é um verdadeiro desafio ser capaz de alcançar esse espaço de "atenção plena". Como o grande S. Covey disse: "Estamos tão ocupados dirigindo que não temos tempo para parar e abastecer o carro".

Convido você a realizar outro exercício simples que facilita o poder de alcançar essa "atenção plena". Pegue uma uva passa entre os dedos e, antes de colocá-la na boca, olhe para o seu tamanho, forma, sinta sua textura, maciez e cheiro. Uma vez na boca, prove lentamente, sinta seu gosto e como ela derrete na boca lentamente e como ela desce pela garganta.

Como foi? Conseguiu se entregar completamente a esse exercício? Você acha que alcançou a atenção plena? O que descobriu?

Assim como este exercício há também muitos outros, e entre eles não apenas um exercício, mas uma disciplina, como a meditação, que nos permite treinar essa atenção plena. Tornar-se bom observador e uma pessoa mais atenciosa requer prática.

Uma prática simples que você pode tentar começar na meditação é ser capaz de fazer o menor número de respirações possível ao longo de um minuto, de maneira altamente consciente. Não se trata de segurar a respiração, trata-se de inalar e exalar o mais lentamente possível, enchendo completamente seus pulmões com ar e depois esvaziando-os ao máximo. Se conseguir fazer quatro ou menos respirações, ótimo. Tente. Vai levar apenas um minuto. É a chamada metodologia OMM: *One Minute Meditation*. Como se sente?

Quanto mais tempo estiver nesse estado, mais especialista será na arte de meditar. Assim poderá "dominar" sua atenção e alcançar um estado de paz interior de grande benefício para o organismo em geral e para sua produtividade. Outra forma de fazer esse exercício é contar seis segundos para inalar, segurar o ar por dois segundos e depois exalar em sete segundos.

Uma última dica que posso te dar para começar a praticar meditação é ler o livro *Search inside you*, de Chade-Meng Tan, no qual ele fala sobre o curso de meditação corporativa que ele ministra desde 2007 na companhia Google, mudando a vida das pessoas que o fizeram, ensinando-as a alimentar sua felicidade interior. É nesse estado de alta consciência (pessoal e social), perceptiva, conectada com como nos sentimos e com como os outros se sentem, com o que está acontecendo, com uma perspectiva ampla, que poderemos tomar melhores decisões, as ações corretas e gerenciar-nos de tal forma que a realidade mude favoravelmente para nós, impactando positivamente o nosso trabalho e vida pessoal, melhorando nosso bem-estar.

Parar e fazer uma pausa durante o dia para refletir ou analisar como esse dia está indo em relação a como estava programado não é sinônimo de pouca produtividade. Pelo contrário, é uma pausa estratégica de recuperação para ser capaz de melhorar meu desempenho novamente. Se você analisar bem, praticamente todos os esportes de confronto, individuais ou coletivos, têm uma pausa estabelecida para a recuperação e para enxergar a situação com mais claridade, principalmente com a orientação do treinador que o está assistindo de fora. Com a pausa, podem voltar para o desafio com uma melhor perspectiva e energia.

Continuando com nossa conversa e a importância de realizar pausas, será realmente necessário esperar níveis altos de colesterol no sangue, prestes a entupir uma artéria, para apenas depois de operados – e se formos salvos – decidirmos mudar nosso estilo de vida, passando a realizar atividades físicas e comer de forma saudável?

Lembre-se que comecei este livro com uma bateria de perguntas para verificar o quão saudáveis poderíamos ser? Pois bem, a intenção de ter feito essas perguntas estava relacionada justamente com o que estamos tratando agora, para gerar um espaço de reflexão, para a conscientização de alguns aspectos de nossas vidas que talvez antes não tínhamos considerado e/ou não estávamos cientes. O problema é quando estamos cientes e sabemos que há uma situação que devemos mudar, mas não queremos fazer nada a respeito. Nesse caso, não será necessário contratar o melhor treinador do planeta, já que há algo que ninguém pode fazer por nós e depende de cada pessoa: a capacidade de decidir "o que fazer... Ou não fazer".

Com a intenção de gerar uma perspectiva diferente e para que você possa esclarecer alguns aspectos de sua vida, te levando a descobrir novas possibilidades, preparei uma bateria de 28 perguntas para compartilhar com você. Essas perguntas também podem ser feitas para pessoas com quem você compartilha tempo no trabalho ou em outro ambiente e que você considere que poderia ajudá-los, especialmente se forem pessoas de quem mudanças importantes são esperadas há algum tempo, sejam simples ou complexas, e não têm acontecido. Vejamos se algumas delas o mobilizam:

1. O que você quer?
2. O que o motiva?
3. Quais são seus valores fundamentais?
4. Qual é o seu propósito na vida?
5. Quais são seus pontos fortes e fracos?
6. Quais são seus principais desafios atualmente?
7. Que recursos você tem e de quais você precisa?
8. Como essa situação faz você se sentir?
9. O que você está procurando com isso?
10. O que torna isso tão importante para você?
11. Que oportunidade é apresentada aqui para você?
12. Quais são suas opções?
13. O que você já tentou fazer sobre isso?
14. Que outras ideias poderiam ajudar?
15. Como isso se encaixa, ou não, com suas crenças e valores pessoais?
16. Se essa situação se repetisse no futuro, o que faria diferente?
17. Quais são os benefícios e custos dessa decisão?
18. Quais são os desafios envolvidos e como você vai superá-los?
19. O que de positivo você pode resgatar a partir dessa experiência?

20. Como você pode torná-la mais divertida ou interessante?
21. O que o levou a essa decisão?
22. Que consequência terá essa decisão nos próximos 5 minutos, 5 meses e 5 anos?
23. O que você planeja fazer sobre isso?
24. Como você vai fazer isso?
25. Que tipo de apoio você precisa?
26. Quem poderia ajudá-lo?
27. O que aprendeu com isso?
28. Qual é a sua conclusão?

Quero esclarecer que um *coach* não só faz perguntas. Ele também fala (pouco, mas fala) apresenta conceitos, conta histórias, compartilha experiências, faz analogias, propõe, parabeniza e gera tensão criativa, sempre com o foco no desenvolvimento do *coachee* (cliente). A dimensão da liderança que devemos observar aqui, do modelo TGLI, é a da Liderança Relacional.

O essencial no *coaching* ou nesse espaço de perguntas é que quem faz as perguntas conscientemente aplica uma escuta ativa de primeira classe. Com a intenção genuína de querer ouvir o outro e aplicar o seguinte esquema de escuta ativa que facilitará essa ação, podemos usar como referência o modelo desenhado pelo mestre François Le Calvez. Estou convencido de que aplicando esse modelo as pessoas serão capazes de gerar e enriquecer seus espaços de conversação e, portanto, melhorar a qualidade de suas relações pessoais.

Modelo de escuta ativa – François Le Calvez

É muito importante que essas conversas sejam realizadas em um contexto adequado, ou seja, no momento certo, com disposição de tempo para essa conversa e em um lugar que proteja a confidencialidade da conversa. Ou seja, um contexto que gere cuidado com o outro.

Para garantir que fiquemos na relação escuta/fala certa, dentro de uma proporção de 80/20%, é de grande ajuda usar o acrônimo em inglês WAIT: *Why am I talking?* (ESPERA: por que estou falando?).

Como diz o provérbio chinês: "Se você vai quebrar o silêncio, que seja para melhorá-lo".

Um bom *coach* é aquele que consegue se conectar com seu *coachee* e desfrutar de sua confiança, acompanhando-o no processo que vive, gerando a contenção e tensão necessárias para que essa pessoa, por meio da indagação, passe da reflexão para a ação e alcance os resultados que busca.

Embora o *coaching* seja uma ferramenta e método para alcançar mudanças positivas nas pessoas, independentemente de ser usado informal ou formalmente (profissionalmente), o *coaching* não faz milagres. Tudo vai depender se o *coachee*, depois de viver aquele momento de reflexão, de perceber, "queira" ou pelo menos esteja pensando em fazer algo a respeito, e então, que ele se atreva a dar os primeiros passos, comprometendo-se com esse propósito. Uma vez que você está na ação, no processo de mudança e aprendizado, é normal que haja quedas e recaídas; portanto, manter a motivação será fundamental, e é aí onde novamente o *coach* pode marcar presença gerando o apoio necessário. Um excelente vídeo do YouTube que explica (sem palavras) como funciona o *coaching* é o *How Coaching Works*: https://www.youtube.com/watch?v=UY75MQte4RU.

CAPÍTULO FINAL

CONCLUSÕES

Considerando que o principal propósito de este livro, e o meu, de maneira permanente, é poder contribuir com o desenvolvimento das pessoas com base em meus estudos, aprendizados e experiências vividas até hoje, quis criar um modelo simples, fácil de lembrar e contendo o que considero essencial para gerar mudanças positivas em nossas vidas. Chamei esse modelo de "As 4 P's da Alta Performance", ou sucesso, ou ótimos resultados. Esse modelo contém informações resumidas das etapas fundamentais e progressivas, do início ao fim, que facilitam e garantem o processo de mudança e o desenvolvimento de habilidades para alcançar nossos objetivos. Está apresentado de forma didática e eficaz, para que uma vez colocado em prática possamos alcançar o que nos propomos.

Cada etapa tem seu próprio desenvolvimento, e embora já tenham sido abordados implicitamente no conteúdo dos capítulos anteriores ou de acordo com eles, eles agora serão tratados de forma esquemática e precisa, a fim de proporcionar-lhes maior clareza ao olhar para o modelo e possam facilmente lembrar do que prestar atenção quando se trata de aperfeiçoar-nos.

Estes quatro estágios são os seguintes:

- **Ponto de quebra:** é um estágio fundamental, se não o mais importante, porque é o momento em que por uma circunstância natural ou por desenho, percebemos algo do qual não estávamos cientes antes. É também o momento de reflexão pessoal que nos leva a decidir fazer "alguma coisa" ou não a respeito do que acabamos de descobrir. Decidir seguir em frente requer ousadia e terá um grande impacto no nosso desenvolvimento e crescimento pessoal.
Exemplo: uma avaliação de liderança na qual os colaboradores nos avaliam muito mal (2 pontos de 5) sobre nossa escuta ativa, sendo que nos consideramos muito bons em ouvir os outros e então decidimos nos preparar para realmente ouvir mais.

- **Planejamento:** quando já fizemos a reflexão e decidimos agir, estamos claros sobre o "o quê"; portanto, o que vem a seguir é o "como". O "como" estabelece algumas condições que devem ser atendidas para alcançar o nosso propósito. Para isso, utilizamos o modelo de planejamento SMART, cujas condições seriam ter um objetivo específico (ouvir melhor os funcionários), que é mensurável (quantos minutos por dia vou ouvir conscientemente e/ou quantos colaboradores vou ouvir), com ações concretas (ouvir com o uso da atenção plena), que é realista (não posso fingir transformar-me em um "grande ouvinte" de um dia para o outro) e finalmente, que tenha um prazo. É importante nessa fase do projeto estabelecer o passo a passo (sub-objetivos) para avançar progressivamente e buscar o apoio de um especialista quando são assuntos que não temos o conhecimento suficiente.

- **Prática:** nesse momento, quanto maior o volume de horas atribuídas à prática (treinamento) dessa atividade, maior será o domínio dela. Para chegar à maestria, independente da disciplina (arte, música, esporte, tecnologia ou outros), falamos sobre as 10.000 horas de prática, que, sem um adequado *feedback* de especialistas, pode nos deixar presos no mesmo nível por um longo tempo. Também é valioso nessa fase ter um parceiro de treinamento, uma pessoa com propósitos semelhantes e mais ou menos no mesmo estágio de desenvolvimento em que estamos. Por exemplo, um vizinho que como nós quer começar a correr para participar de uma corrida de 10k alguns meses depois.
Se também nessa terceira P, prática, aparecer a P de paixão pelo que estamos fazendo, vamos pegar um ritmo extraordinário e atingir o objetivo vai ser mais fluido e agradável, apesar do desconforto do início e do esforço no processo.

- **Perseverar:** é bastante comum ter quedas e recaídas no caminho do desenvolvimento de habilidades em direção aos nossos objetivos. Os desafios às vezes se tornam gigantescos e desencorajadores. Em cada uma dessas situações torna-se necessário aproveitar a força interior que está conectada ao nosso maior propósito. Por que fazemos o que fazemos? Essa força motivacional, mental e espiritual será capaz de superar a fadiga física, mental e emocional que sentiremos em muitas ocasiões. É quando dizemos: "Este atleta tem um coração enorme" (e não no sentido literal). Lembre-se do número de vezes que um judoca literalmente cai e se levanta e das adversidades superadas na história do grande Tenório Da Silva.

Em um modelo esquemático, as 4 P's ficariam assim:

Com o resumo esquemático das 4 P's chegamos ao fim do meu primeiro livro. Confesso que escrevê-lo foi mais difícil do que eu imaginava no início e isso talvez seja o que me envolveu e comprometeu com sua elaboração. Entrei em estado de *flow*. E agora me encontro muito contente, completo e realizado por ter terminado: surge a recompensa.

Espero de coração que você tenha aproveitado essa leitura e que ela lhe tenha deixado algum aprendizado, "algo", um grão de areia que contribua ao seu bem-estar, sua liderança e para a realização de seus sonhos. Garantindo esses três aspectos, naturalmente você estará em uma alta performance. De minha parte, aprendi que continuo aprendendo, me expandindo e crescendo, já que aprender é um processo permanente do qual quero e gosto de fazer parte. Para isso, estou muito ciente da importância da humildade, abertura, atenção e *feedback* durante o caminho.

A experiência desse projeto de escrever meu primeiro livro é algo que me assustou do começo ao fim, que gerou incerteza, para o qual foi essencial manter a confiança de que cada propósito tem um significado. Sem dúvida foi mais um desafio na minha vida que pude levar adiante, um grande passo, cujo resultado vai depender do nível de conexão que eu alcancei com você e da contribuição que essa leitura pode ter acrescentado para o seu próprio processo de aprendizagem.

Deixo-lhe um grande abraço acompanhado desta última reflexão:

> "Há três coisas na vida que não voltam jamais: a flecha lançada, a palavra dita e a oportunidade perdida."
> **Provérbio japonês**

Fiquemos atentos às oportunidades que podem nos levar exatamente onde sonhamos ou além.

Ficarei muito feliz e agradecido de receber seus comentários por meio das redes sociais. Instagram: @gabriel_lama_coach, YouTube (canal: Gabriel Lama), LinkedIn ou no website www.tgli.cl (contato).

REFERÊNCIAS

ANZORENA, Óscar. *Maestría personal.* Buenos Aires: Ediciones Lea, 2015.

ABARCA, Nureya. *El líder como coach.* Santiago: Aguilar, 2010.

ARAYA, Claudio, BRITO, Gonzalo e Segú, Catalina. *Presencia plena. Reflexiones prácticas para cultivar mindfulness en la vida.* Santiago: JC Sáez Editor, 2015.

BLOCH, Susana. *Al alba de las emociones.* Santiago: Uqbar, 2002.

BRADBERRY, Travis, GREAVES, Jean. *Inteligencia emocional 2.0.* Barcelona: Random House Mondadori, 2012.

BRAMANTE, Antonio, FONSECA, Carlos, NAHAS, Markus, OGATA, Alberto e Pereira, Lamartine. *Profissionais saudáveis, empresas produtivas.* Rio de Janeiro: Elsevier, 2012.

BROUSSE, Michel, MATSUMOTO, David. *Judo: A Sport and a Way of Life.* California: The International Judo Federation, 1999.

COLLINS, Jim. *Empresas que sobresalen.* Bogotá: Carvajal Educación, 2012.

COVEY, Stephen. *El líder interior.* Buenos Aires: Paidós, 2009.

COVEY, Stephen. *Los 7 hábitos de la gente altamente efectiva.* Barcelona: Paidós, 1997.

CSIKSZENTMIHALYI, Mihaly. *Aprender a fluir.* Barcelona: Kairós, 1998.

DEUTSCHMAN, Alan. *Change or Die.* Nueva York: Harper Collins Publishers, 2007.

DUHIGG, Charles. *The Power of Habit.* Nueva York: Random House Trade Paperback Edition, 2014.

ECHEVERRÍA, Rafael. *Ontología del lenguaje.* Argentina: Comunicaciones Noreste, 2004.

FISCHMAN, David. *El camino del líder.* Santiago: Aguilar, 2000.

FISCHMAN, David. *El secreto de las 7 semillas.* Santiago: Aguilar, 2003.

FISCHMAN, David. *El éxito es una decisión.* Santiago: Aguilar, 2012.

FISCHMAN, David. *Motivación 360°.* Santiago: Aguilar, 2014.

GLADWELL, Malcolm. *Fora de série: outliers.* Rio de Janeiro: GMT, 2008.

GODOY, Lauret. *Os jogos olímpicos na Grécia Antiga.* São Paulo: Nova Alexandria, 1996.

GOLEMAN, Daniel. *La inteligencia emocional.* Buenos Aires: Ediciones, 1995.

GOLEMAN, Daniel. *Liderazgo.* Barcelona: Kairós, 2011.

GOLEMAN, Daniel. *Focus.* Barcelona: Kairós, 2013.

GROPPEL, Jack. *The Corporate Athlete.* EE. UU.: John Wiley & Sons, 2000.

GROPPEL, Jack, Loehr, Jim. *The Corporate Athlete Advantage. The Science of Deepening Engagement.* Orlando: Human Performance Institute, 2008.

JEFFERS, Susan. *Aunque tenga miedo, hágalo igual.* España: SWING, 2007.

JENNINGS, Andrew. *Los nuevos señores de los anillos.* Barcelona: Editions Transparencia, 1996.

JOHNSON, Earvin. *32 Ways to Be a Champion in Business.* Nueva York: Crown Publishing Group, 2008.

JORDÁN, Rodrigo, GARAY, Marcelino. *Liderazgo real.* Santiago: Pearson, 2009.

KIMSEY-HOUSE, Henry, JIMSEY-HOUSE, Karen, SANDAHL, Phillip, WHITWORTH, Laura. *Coaching co-activo.* Buenos Aires: Paidós, 2014.

LAMA, Dalai, VAN DEN MUYZENBERG, Laurens. *Liderança para un mundo melhor.* Rio de Janeiro: GMT.

Leadership, Harvard Business Review. *HBR's Ten Must Reads on Leadership.* EE. UU.: Harvard Business School Publishing Corporation, 2011.

LOEHR, Jim, SCHWARTZ, Tony. *The Power of Full Engagement.* Nova York: The Free Press, 2003.

MAHECHA MATSUDO, Sandra. *Actividad física: pasaporte para la salud.* Revista Médica de Clínica Las Condes, 23(3), 209-21, 2012.

MATSUMOTO, David. *An Introduction to Kodokan Judo, History and Philosophy.* Tokyo: Hon-No-Tomosha, 1996.

MILLMAN, Dan. *O atleta interior.* São Paulo: Pensamento, 1994.

MISCHEL, Walter. *El test de la golosina.* Buenos Aires: Debate, 2015.

NAHAS, Markus Vinicius. *Atividade física, saúde e qualidade de vida.* São Paulo: Midiograf, 2010.

OGATA, Alberto, DE MARCHI, Ricardo. *Wellness.* Rio de Janeiro: Elsevier, 2008.

RATEY, John, HAGERMAN, Eric. *Corpo ativo, mente desperta: a nova ciência do exercício físico e do cérebro.* Rio de Janeiro: Objetiva, 2007.

RIBEIRO, Nuno Cobra. *A semente da vitória.* São Paulo: SENAC, 2001.

ROBBINS, Anthony. *Controle su destino.* Barcelona: Penguin Random House, 1992.

ROBINSON, Ken, ARONICA, Lou. *El elemento.* Buenos Aires: Penguin Random House, 2013.

ROCHA DE REZENDE, Bernardo. *Transformando suor em ouro.* Rio de Janeiro: GMT, 2006.

RONDA, Rousey. *Mi pelea / tu pelea.* Buenos Aires: Editorial del Nuevo Extremo, 2015.

RUBIN, Gretchen. *Better than Before.* EUA: Penguin Random House, 2015.

SHARMA, Robin. *El líder que no tenía cargo.* Buenos Aires: Editorial Sudamericana, 2010.

SHARMA, Robin. *Triunfo.* Buenos Aires: Random House Mondadori, 2011.

SOBEL, David, ORNSTEIN, Robert. *Manual de la salud, del cuerpo y la mente.* Barcelona: Kairós, 1999.

STAMATEAS, Bernardo. *Emociones tóxicas.* Barcelona: Ediciones B, 2012.

TAN, Chade-Meng. *Busca en tu interior.* Santiago: Planeta, 2012.

VIRGILIO, Stanley. *A arte do judô.* São Paulo: Papirus, 1986.

WHITMORE, Sir John. *Coaching for Performance.* Londres; Nicholas Brealey Publishing, 2017.

WISEMAN, Richard. *The Luck Factor.* Londres: Arrow, 2004.

WOLK, Leonardo. *Coaching: el arte de soplar brasas.* Buenos Aires: Gran Aldea, 2003.

Websites

ABOUT WELLNESS. Disponível em: <https://nationalwellness.org/>. Acesso em: 28 de jan. de 2021.

ARE YOU LEADING WITH YOUR BEST ENERGY? Disponível em: <https://energyprofile.perfprog.com/free/>. Acesso em: 28 de jan. de 2021.

CHILE TIENE APENAS 40 DE LA PRODUCTIVIDAD LABORAL DE EE UU CON USD PPP 27 HR TRABAJADA Y UN POCO MAS DE LA MITAD DEL PROMEDIO DE LOS PAISES OCDE. Disponível em: <https://www.diarioconcepcion.cl/pais/2019/08/14/ocde-chile-aparece-entre-los-paises-con-mas-horas-de-trabajo-y-menor-productividad.html#:~:text=En%20tanto%2C%20Chile%20aparece%20entre,materia%20es%20de%20US%24%2055>. Acesso em: 28 de jan. de 2021.

CONSUMO Y NIVEL SEGURO DEL ALCOHOL. Disponível em: <https://medlineplus.gov/spanish/ency/article/001944.htm>. Acesso em: 28 de jan. de 2021.

DEPRESIÓN. Disponível em: <http://www.who.int/mediacentre/factsheets/fs369/es/>. Acesso em: 28 de jan. de 2021.

FITNESS. Disponível em: <https://www.healthychildren.org/Spanish/healthy-living/fitness/Paginas/>. Acesso em: 28 de jan. de 2021.

JOHN & JULIE GOTTMAN. Disponível em: <https://www.gottman.com/about/john-julie-gottman/>. Acesso em: 28 de jan. de 2021.

MATERIAL DE INTERESSE (INFORMAÇÃO GERAL). Disponível em: <http://www.tgli.cl/>. Acesso em: 28 de jan. de 2021.

MATERIAL NUTRICIONAL EDUCATIVO. Disponível em: <https://inta.cl/material-educativo/>. Acesso em: 28 de jan. de 2021.

NATIONAL OLYMPIC COMMITTEES. Disponível em: <https://www.rio2016.com/es/pais>. Acesso em: 28 de jan. de 2021.

NIVELES ALTOS DE COLESTEROL EN LA SANGRE. Disponível em: <www.nlm.nih.gov/medlineplus/spanish/ency/article/000403.htm>. Acesso em: 28 de jan. de 2021.

NUTRICIÓN. Disponível em: <https://medlineplus.gov/spanish/nutrition.html>. Acesso em: 28 de jan. de 2021.

THE FITT PLAN FOR PHYSICAL ACTIVITY. Disponível em: <https://www.healthychildren.org/English/healthy-living/fitness/Pages/The-FITT-Plan-for-Physical-Activity.aspx>. Acesso em: 28 de jan. de 2021.

ANEXO 1: QUESTIONÁRIO DE ATIVIDADES FÍSICAS HABITUAIS

Você é fisicamente ativo? Para cada pergunta que você responder como sim, adicione os pontos da coluna da direita.

Em seguida, adicione os pontos e veja a classificação (abaixo) para determinar o quão fisicamente ativo você é.

Atividades ocupacionais diárias	Sim/Não	Pontos
Em geral, volto do trabalho caminhando ou pedalando (no mínimo 800 metros).		3
Em geral, eu uso as escadas em vez do elevador.		1
Minhas atividades diárias podem ser descritas como:		
a) Eu passo a maior parte do meu tempo sentado e, no máximo, eu ando por curtas distâncias.		0
b) a maior parte do dia realizo atividades moderadas, como andar rápido ou realizar tarefas manuais.		4
c) Diariamente faço atividades físicas intensas (trabalho pesado).		9
Atividades de lazer		
Minha recreação inclui atividades físicas leves, como andar de bicicleta ou caminhar (2 ou mais vezes por semana).		2

Pelo menos uma vez por semana eu participo de algum tipo de baile.		2
Quando estou sob estresse, me exercito para relaxar.		1
Pelo menos 2 vezes por semana eu faço ginástica.		3
Participo regularmente de aulas de taichi ou yoga.		4
Faço musculação 2 ou mais vezes por semana.		2
Jogo tênis, basquete, futebol, vôlei ou outro esporte recreativo por 30 minutos, ou mais por jogo:		
a) 1 vez por semana.		2
b) 2 vezes por semana.		4
c) 3 ou mais vezes por semana.		7
Faço aeróbica forte (corrida, pedalada, natação, remo), 20 min. ou mais por sessão:		
a) 1 vez por semana.		3
b) 2 vezes por semana.		6
c) 3 ou mais vezes por semana.		10

RESULTADO

Pontuação total:

De 0 a 5	Inativo
De 6 a 11	Pouco ativo
De 12 a 20	Moderado
21 ou mais	Muito ativo

ANEXO 2: VOCÊ SE ALIMENTA CORRETAMENTE?

Circule o número correspondente à sua resposta e, no final, calcule o total de pontos obtidos.

	Com que frequência:	Diaria-mente	3 a 6 vezes por semana	1 a 2 vezes por semana	3 vezes por mês ou menos
1	Você consome 3 porções de frutas frescas ou sucos de fruta natural.	10	5	1	0
2	Você consome folhas verdes cruas ou cozidas.	10	5	1	0
3	Você come carne vermelha magra (sem gordura).	2	4	8	10
4	Você come carnes vermelhas gordas (com gordura).	0	0	5	10
5	Você consome peito de frango, peixe, peito de peru, feijão, lentilha, ervilhas ou soja.	10	8	5	0
6	Você consome doces.	0	5	7	10

7	Você consome pelo menos um copo de leite, um iogurte ou uma lâmina de queijo.	10	5	0	0
8	Você consome pelo menos duas porções de vegetais, crus, cozidos ou assados.	10	5	0	0
9	Você consome refrigerantes.	0	2	4	10
10	Você consome pelo menos quatro porções de pães, cereais (aveia, granola, outros grãos), macarrão, arroz.	10	8	4	0
11	Você consome mais calorias do que seu corpo precisa.	0	2	8	10
12	Você consome alimentos fritos ou outros alimentos gordurosos.	0	0	5	10
13	Você consome folhas verdes escuras, cenoura, manga, abóbora.	10	8	2	0
14	Você come alimentos integrais (arroz ou outros cereais) grãos integrais, trigo, pão de trigo integral, massas de grãos integrais).	10	8	2	0
15	Você consome mais de duas colheres de sopa por dia de açúcar em suas bebidas (sucos, chá, leite ou café).	0	0	5	10

16	Você consome mais de três pequenas xícaras de café.	0	0	5	10
17	Você consome pelo menos três a quatro lanches por dia.	10	5	2	0
18	Você consome mais de 120 g - um bife (mulheres), ou 180g - um bife e meio (homens), de carne, frango, peixe, peru.	0	2	4	10
19	Você pula o café da manhã.	0	2	4	10
20	Você consome sanduíches de *fast food*.	0	2	4	10

Total de pontos: _____

Interpretação dos resultados

- **Obteve entre 160 e 200 pontos:** parabéns! Seus hábitos alimentares são excelentes.
- **Obteve entre 120 e 159 pontos:** você está no caminho certo... E ainda pode melhorar.
- **Obteve menos de 120 pontos:** indica que a qualidade da sua dieta precisa melhorar bastante.

Este instrumento pretende conscientizar as pessoas, não sendo validado como instrumento de pesquisa científica.

*Adaptado do original desenvolvido pelas nutricionistas Raquel F. Pereira e Márcia D. Hirschbruch, 1999.

ANEXO 3:
TESTE DE VULNERABILIDADE AO ESTRESSE*

*Departamento de saúde, educação e bem-estar, serviço público de saúde dos EUA.

Leia as perguntas a seguir e faça um círculo no número que mais corresponde à sua condição pessoal.

	Sempre verdadeiro	Geralmente verdadeiro	Geralmente falso	Sempre falso
1. Quando eu não posso fazer algo do meu jeito, simplesmente me adapto e faço da forma que seja possível.	4	3	2	1
2. Fico nervoso quando dirijo ou estou em um carro atrás de alguém que vai muito devagar.	1	2	3	4
3. Fico desconfortável quando meus planos dependem de outras pessoas.	1	2	3	4
4. Sempre que posso, evito lugares onde há muitas pessoas.	1	2	3	4

5. Eu não gosto quando eu tenho que esperar em longas filas.	1	2	3	4
6. Discussões me deixam chateado.	1	2	3	4
7. Eu fico ansioso quando meus planos não vão pelo caminho como foi planejado.	1	2	3	4
8. Eu preciso de muito espaço nos lugares onde eu moro ou trabalho.	1	2	3	4
9. Odeio ser interrompido quando estou ocupado em uma tarefa.	1	2	3	4
10. Eu acho que vale a pena ser otimista e esperar pelas boas coisas da vida.	4	3	2	1

Soma: _____

Interpretação dos resultados

Somando os pontos que você marcou...

- **Menos de 15 pontos:** indica vulnerabilidade a esse tipo de estresse.
- **Entre 15 e 25 pontos:** veja em quais situações você deve procurar reagir com mais calma.
- **Mais de 25 pontos:** você está no caminho certo.

ANEXO 4:
DIAGRAMA - WELLNESS TEST

Pontue como você se qualifica em cada uma das dimensões do *Wellness*, na linha com pontuação do 1 até o 10. Em sequência, una os pontos de cada dimensão, com a finalidade de formar uma imagem ao interior do círculo, refletindo seu *Wellness*. É ideal que identifique qual área precisa trabalhar mais atualmente, aplicando as ferramentas compartilhadas neste livro, para alcançar o equilíbrio ideal que permita a você "circular" com uma alta satisfação pela vida.

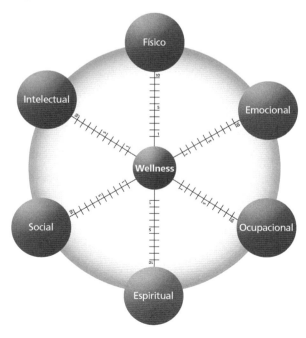